Geronimo Stilton

Geronimo Stilton

1.000 CHISTES PARA PARTIRSE DE RISA

¡MORROCOTUDO!

DESTINO

Editorial Planeta, S.A.
Avda. Diagonal, 662-664, 08034 Barcelona
www.planetadelibrosinfantilyjuvenil.com
www.planetadelibros.com

Título original: *Le più belle barzellette*
© Traducción: Manel Martí

Textos de Geronimo Stilton
www.geronimostilton.com
Ilustraciones: Archivo Piemme
Inspirado en una idea original de Elisabetta Dami

Primera edición: marzo de 2018
ISBN: 978-84-08-18763-9
Depósito Legal: B. 4.262-2018
Impreso en España

¡Reír sienta bien!

Queridos amigos roedores, es posible que ya me conozcáis: mi nombre es Stilton, *Geronimo Stilton*, y dirijo *El Eco del Roedor*, el periódico más famoso de la Isla de los Ratones. En este libro tenéis los chistes más divertidos y los chascarrillos más cómicos, ¡porque reír es uno de los secretos para vivir bien! ¡Palabra de roedor!

¡¡¡A TODOS LOS LECTORES!!!

ATENCIÓN:

Los chistes contenidos en este libro pueden provocar risitas, risotadas y, en algunos casos... ¡también incontrolables carcajadas!

Si leéis este libro en el autobús, en el tren, en casa, podría daros un ataque de risa de los que no hay quien los pare. En fin, ¡yo ya os he avisado!

Geronimo Stilton

1. UN PERRO EN EL CINE

Un perro va a un cine. Va a la taquilla y dice como si nada:
—Quisiera una entrada, por favor.
La taquillera grita:
—¡Aaaaaaaaaah, este perro habla!
—¡Señora, le juro que cuando entre en la sala me estaré calladito!

2. ¿POR QUÉ DOS?

—¡Esta mañana he tenido que pagar dos billetes de autobús!
—¿Y eso por qué?
—Es que tenía un dolor de cabeza... *¡pasajero!*

3. RELOJ

¿Cuál es el colmo de un reloj?
¡Tener las horas contadas!

4. CANTO

—Antes del concierto me noté resfriada y he ido al médico.
—¿Y qué te ha dicho?
—Me ha aconsejado que deje el canto...
—*¿Entonces él también te ha oído cantar?*

5. SERVICIO SECRETO

Un hombre que lleva un perro se encuentra a un amigo y le pregunta:
—¿Te gusta mi perro policía?
El amigo se queda muy sorprendido.
—¿Un perro policía, dices? La verdad, a mí me parece más bien un perrito faldero...
Y el otro le responde con un guiño:
—*¡Es que trabaja en el servicio secreto...!*

6. PRUEBA TÚ...

¿Por qué los peces están siempre callados?
¡Prueba tú a hablar con la boca llena de agua!

7. DENTISTA

¿Cuál es el colmo de un dentista?
¡Extraer la raíz cuadrada de un diente!

8. UNA IDEA GENIAL

Un conejo se escapa de la conejera y se oculta entre unas hierbas altas.
La granjera corre para atraparlo, pero no lo logra.
Y entonces el granjero le grita:
—He tenido una idea genial: si quieres cogerlo, *¡imita el canto de la zanahoria!*

9. INSOMNIO

Dos vecinos conversan:
—Hace tres días que no duermo. Mi esposa, en cuanto oye un ruido, me despierta para que compruebe si han entrado ladrones en casa...
—¿Por qué no le dices que los ladrones ponen mucho cuidado de no hacer ruido?
—¡Ya se lo dije, y ahora también me despierta cuando no oye ningún ruido!

10. DOCTOR

—¡Doctor, doctor, estoy nervioso! Esta es mi primera operación.
—¿Ah, sí? *¡También es la primera para mí!*

11. EFECTO MONTAÑA RUSA

Una gallina va al médico.
—Doctor, tengo un problema, cuando subo a la montaña rusa...
—¿Sí?, cuénteme...
—*... ¡después pongo los huevos revueltos!*

12. PREGUNTA ABSURDA

¿Qué cosa es blanca y negra... y muuuy ruidosa?
¡Una cebra con un tambor!

13. SEQUÍA

¿Cuál es el colmo de la sequía?
¡Que los árboles vayan en busca de los perros!

14. ESCUCHAR

—¡Doctor, doctor, nadie me escucha! —se queja un paciente.
Y el doctor responde:
—*¡¡¡Que pase el siguiente!!!*

15. NADA DE POSTRES

Una señora organiza una elegante cena para cien invitados.
Cuando termina el ágape, orgullosa, da instrucciones al mayordomo:
—Avise a los invitados de que después de los postres tocaré el piano para ellos.
El mayordomo hace una reverencia y se va, pero regresa al cabo de pocos minutos.
—¿Ya has avisado a los invitados?
—Sí, señora.
—¿Y qué han dicho?
—*¡¡¡Que no tomarán postre, señora!!!*

16. RATA BOBA

¿Qué cosa es más tonta que una rata boba?
¡Dos ratas bobas!

17. ¡LA ÚLTIMA PALABRA!

Un tipo bobalicón le cuenta a un amigo:
—Cuando discuto con mi mujer, siempre digo la última palabra.
—¿Y qué le dices?
—*Perdóname...*

18. LA HORA

Si una camiseta tiene cuatro agujeros delante y cuatro detrás, ¿qué hora es?
Es hora de tirarla...

19. ¡DEMASIADOS CONGELADOS!

Julio le explica a Pedro:
—Estoy a dieta: solo como pescado... ¡pescado congelado! ¡Todos los días sin excepción!
Pedro pregunta:
—¿Ah, sí? ¿Y qué tal va?
Julio responde:
—La verdad es que aún no he adelgazado... pero cada vez que paso ante una freidora... *¡me entran escalofríos!*

20. ¿CUATRO U OCHO?

Una rata tontorrona encarga una pizza para llevar.
El pizzero le pregunta:
—¿Se la corto en cuatro o en ocho porciones?
La rata reflexiona y responde:
—En cuatro porciones, gracias. *¡No creo que sea capaz de comerme ocho!*

21. PERFUMES

Alfredito llega a casa con una mofeta.
—¿Adónde te crees que vas con ese animal? —le pregunta su hermana con cara de disgusto.
—¡Lo tendré en mi habitación!
—¿Y qué piensas hacer con la peste?
—*¡Bah, ya se acostumbrará!*

22. NOVATO

Jack, el piloto, despega con su avión.
Al poco rato, comunican con él desde la torre de control:
—Jack, dinos tu altura y tu posición.
Y Jack responde:
—*¡Mido un metro ochenta y estoy sentado!*

23. ELECTRICISTA

¿Cuál es el colmo de un electricista?
¡Vivir aislado!

24. DOS VASOS

¿Por qué una rata boba pone encima de la mesilla de noche un vaso lleno de agua y otro vacío?
¡El lleno es por si le entra sed, y el vacío, por si no le entra!

25. CIENTÍFICO

—Juanito, ¿por qué les das chocolate a las gallinas?
—*¡Para que pongan huevos de Pascua!*

26. CARCAJADAS EN EL TREN

Un hombre viaja en un tren; de vez en cuando se echa a reír a carcajadas y a continuación se encoge de hombros. Un señor le pregunta de qué se ríe.

—Es que me estoy acordando de unos chistes divertidísimos —explica el hombre.

—¿Y entonces por qué se encoge de hombros?

—*¡Porque enseguida me doy cuenta de que ya los había oído!*

27. ¡PATAAATA...!

¿Sabes por qué las ratas bobas sonríen durante los temporales?

¡Porque se creen que les están haciendo fotos con flash!

28. PEINE

Luis se prepara para ir al dentista. Antes de salir se mete un peine en el bolsillo.
Su madre lo ve y le pregunta:
—¿Por qué te llevas ese peine roto?
Y él responde:
—*¡Verás, así aprovecho el viaje y lo llevo a él también para que le arregle los dientes!*

29. ARCHIVO

Una rata tontorrona que trabaja en una oficina le comenta a otra rata tontorrona:
—Ufff, me gustaría poner un poco de orden en el archivo. Hay un montón de documentos viejísimos, ¿no te parece que podría tirar unos cuantos?
La otra rata se queda pensativa un instante y responde:
—*No hay problema, siempre que antes de tirar los papeles los fotocopies, por si acaso...*

30. FÓRMULA

—¿Cuál es la fórmula química del ácido sulfúrico?
—Hummm... profesor, lo tengo en la punta de la lengua...
—*¡Pues ya lo estás escupiendo... que es veneno!*

31. ¿HUMOR O FILOSOFÍA?

Un ratón sorprende a su hijo royendo un libro de chistes con gran voracidad y lo regaña:
—*¡Yo a tu edad ya roía libros de filosofía!*

32. CHARLATÁN

La maestra regaña a Jaimito al final de la clase:
—Hoy has alborotado mucho. No has parado de hablar ni un momento. ¡Mañana quiero que vengas con tu madre!
—*¡Vale, pero le advierto de que mi madre es mucho más habladora que yo!*

33. CARCOMA

¿Cuál es el colmo de una carcoma?
¡Que le salga un hijo carpintero!

34. ENTRE COMPAÑEROS

—¡Me han dado el premio al roedor más tímido!
—¿Y eso qué es?
—*Ay, es que me da vergüenza decírtelo...*

35. REDACCIÓN

La profesora propone un tema de redacción:
—Contad la cosa más graciosa que haya pasado en vuestra familia.
Uno de los ratoncitos escribe:

> «Creo que fue cuando a papá, el verano pasado, se le metió en la cabeza que tenía que adelgazar. La primera semana perdió un centímetro de cintura; la segunda, dos centímetros; y la tercera, *perdió el bañador en la playa*».

36. ESTUDIOS

—¡Hijo mío, qué caros me están saliendo tus estudios!
—*¡Pues menos mal que soy de los que estudian más bien poco!*

37. MAESTRO CONTENTO

Una mamá le pregunta a su hijo:
—¿El profesor está contento contigo?
—Creo que sí.
—¿Y tú con él?
—Mucho... porque ha dicho que si todos los estudiantes fueran como yo... *¡cerraría la escuela!*

38. FOTÓGRAFO

¿Cuál es el colmo de un fotógrafo?
¡No ser nada objetivo!

39. INSTRUMENTO

En clase de música, la profesora dice:
—Chicos, vosotros tocáis la flauta y yo os acompañaré con el instrumento que digáis. ¿Cuál queréis que toque?
—*¡La campanilla que suena cuando termina la clase!*

40. PUZLE

Una rata tontorrona presume ante un amigo del puzle que ha conseguido montar:

—Mira esto... no está mal, ¿eh? ¿Sabes cuánto he tardado en hacerlo? ¡Dos meses! ¡Imagínate, lo he terminado solo en dos meses!

—¿¿¿Dos meses??? Sin ánimo de ofender... parece bastante fácil, tendrá cincuenta piezas, como mucho...

—Sí, pero mira qué pone en la caja: *¡de dos a seis años!*

41. PUERCOESPÍN

¿Sabéis en qué se diferencia un puercoespín de un sillón?

¡Intentad sentaros sobre un puercoespín y lo descubriréis!

42. COPIÓN

—¡Señor director, ya no sé qué hacer! ¡En clase tengo a un alumno insubordinado, es contestón y en los exámenes siempre copia de su compañero de pupitre!
—¿Y está segura de que copia siempre?
—¡Sí! ¡Imagínese: una vez, su compañero no se sabía la respuesta de un ejercicio y puso *«no lo sé»*, y entonces él escribió *«yo tampoco»*!

43. GUARDERÍA

Alberto ha empezado a ir a la guardería, pero todas las mañanas llora y después se queda callado todo el tiempo.
Hasta que un día le dice a su madre:
—¡Hoy he hablado con la señorita!
—¡Muy bien! ¿Y qué le has dicho?
—*¡¡¡Quiero ir con mamáááááá!!!*

44. CARAMELOS

—Julia, ¿por qué has cogido dos caramelos? ¡Te dije que te comieras solo uno!
—*¡Mamá, es que quería obedecerte dos veces!*

45. DULCES MATEMÁTICAS

—¡Gloria, en lugar de ponerte con los deberes de mates, te has comido todas las galletas!

—No, mamá, es que *¡he estado practicando las restas!*

46. AMOR BOBALICÓN

Un pretendiente (bobalicón) interpreta una serenata bajo el balcón de su enamorada (bobalicona). Toca la guitarra y canta una canción (bobalicona):

«Por la mañana no como, porque pienso en ti... ¡ploing ploing ploing!

Al mediodía no como, porque pienso en ti... ¡ploing ploing ploing!

Y por la noche, en cambio, no duermo... *¡porque tengo un hambre de lobo!*».

47. MADUREZ

—Antonio, ¿qué estás haciendo subido a ese árbol?

—Estoy... *¡madurando!*

48. CUMPLEAÑOS

—Pedrito, ¿cuántos años tienes?
—Tengo siete años.
—¿Cuándo cumples ocho?
—*¡El día de mi cumpleaños!*

49. CANGURO

¿Cuál es el colmo de un canguro?
¡Olvidarse la bolsa marsupial en casa!

50. PEQUEÑOS ESPABILADOS

Dos hermanitos están charlando:
—¿Sabías que cuando yo tenía un año ya caminaba?
—*Pues yo soy más lista que tú: ¡tengo tres años y aún me llevan en brazos...!*

51. REMEDIOS DOMÉSTICOS

—Doctor, cuando duermo, ronco tan fuerte que despierto a mi mujer. ¿Qué puedo hacer?
—*¿Ha probado a dormir en otra habitación?*

52. ENTRADA DE CINE

Merche está a punto de entrar en el cine, pero de pronto regresa llorando hasta donde se encuentra su mamá.

—¿Qué te ha pasado, cariño?

—Iba a entrar en la sala, y entonces ese tipo del uniforme *¡me ha cogido la entrada y me la ha roto...!*

53. LA OPINIÓN DE LA VACA

Un turista pasea por el campo, mira el cielo y murmura para sí:

—No me extrañaría que lloviese...

Una vaca levanta la cabeza, se lo queda mirando y exclama:

—¡Lloverá seguro!

El turista sale corriendo y llama a la puerta de una casa cercana.

Le abre un campesino.

—Disculpe, ¿es suya aquella vaca?

—Sí, ¿por qué?

—¡Porque ha hablado! ¡Ha dicho que lloverá seguro!

El campesino sacude la cabeza.

—*¡Bah, no le haga caso... nunca acierta!*

54. TIEMPO RÉCORD

—Daniel, ¿por qué tardas tanto en comerte los cereales?
—*¡Bah, no pasa nada, en la caja pone que tengo tiempo hasta marzo de 2026!*

55. VIGILANCIA

—Abuela, ¿es verdad que cuando las personas se hacen mayores pierden los dientes y no pueden comer alimentos duros?
—Sí, tesoro.
—Así pues, ¿tú ya no tienes dientes?
—En efecto, cariño.
—Entonces, *¿podrías vigilarme esta barra de turrón?*

56. CARTERA SUPERGRANDE

—Papá, ¿es verdad que hace muchísimo tiempo se usaban ovejas para pagar las cosas?
—Sí.
—*¡¿Y cómo se las apañaban para meterlas en la cartera?!*

57. DOLOR DE ESPALDA

Una rata boba va al médico.
—¡Doctor, cuando me doblo por la mitad, estiro los brazos hacia delante, me desequilibro con la cola y muevo los dedos de las manos, me duele la espalda!
—Disculpe, pero ¿se puede saber por qué realiza este movimiento tan extraño?
—*¿Y cómo quiere que me ate los cordones de los zapatos, si no?*

58. CONTRAINDICACIONES

Una señora lee atentamente el prospecto de un medicamento que acaba de recetarle el médico.
—Pero ¿cómo es posible —le pregunta asombrada— que tenga cuarenta efectos secundarios?
—*¡Verá, señora, es que el resto de contraindicaciones aún no las han descubierto!*

59. CUANDO LLEGUE EL MOMENTO...

Un coche se estrella contra una farola.
Una señora trata de acercarse al auto abriéndose paso entre la multitud congregada.
Pero un señor robusto se le adelanta y la empuja con aires de superioridad:
—¡Apártese, señora, déjeme pasar: tengo un curso de socorrismo!
—Vale, vale —dice la mujer—, pero cuando llegue el momento en que diga «llamen a un médico», *¡acuérdese de que estoy aquí detrás!*

60. VIOLÍN

—Doctor, doctor, ¿después de que me opere la mano podré tocar el violín?
—¡Claro que sí, por supuesto!
—¡Qué bien! *¡Hasta ahora había sido incapaz de hacerlo sonar!*

61. GATO

—Doctor, doctor, estoy completamente seguro de que soy un gato...
—¿Y desde cuándo lo cree?
—*Uf, desde que era un cachorrito...*

62. PEZ

¿Cuál es el colmo de un pez?
¡Ahogarse en un vaso de agua!

63. MOSCA ENFERMA

Una mosca anciana va al médico.
—Señora, su corazón no está muy fino —le dice el doctor—. Vuelva dentro de dos semanas, y mientras tanto deje de volar.
Al cabo de dos semanas la mosca vuelve a la consulta.
—¡La encuentro muy bien, señora! —exclama el médico tras visitarla—. Ahora ya puede volar de nuevo.
—¡Ya era hora, doctor! *¡No sabe usted lo agotador que resulta pasarse el día subiendo y bajando paredes!*

64. UN BAÑO CALIENTE

Una rata boba va al médico.
—Doctor, el resfriado no se me va.
—¿Ya ha hecho usted lo que le dije: un buen vaso de leche con miel antes de irse a dormir y un baño caliente?
—Bueno, la verdad es que... lo de la leche con miel sí, pero el baño caliente... *¡no he sido capaz de bebérmelo todo!*

65. CIRCO

Se ha producido un incendio en el circo.
Todos corren de aquí para allá tratando de sofocarlo.
Y entonces el director grita:
—*¡¡¡Rápido, avisad al tragafuegos!!!*

66. ¡INCREÍBLE!

—¡Doctor, doctor, nadie me cree!
—Vamos, hombre, *dígame la verdad,* ¿cuál es el verdadero problema?

67. ¡YA ES LA HORA!

—¡Levántate, perezoso! ¡Despierta! ¡Ya es hora de ir a la escuela!
—Mamá, no me apetece. Muchos profesores la tienen tomada conmigo y me molestan. ¡Dame un buen motivo para ir a la escuela!
—*¡Eres el director!*

68. ELECTRICISTA EN BARCA

¿Cuál es el colmo de un electricista en una barca?
¡Remar a contracorriente!

69. IMITADOR

En el circo, un imitador se dirige al público y anuncia:
—¡Y ahora, invito a los presentes a que escojan el animal al que quieren que imite!
Un señor de entre el público pregunta:
—¿Sabe imitar una gallina?
Y el imitador responde:
—¡Por supuesto!
—Pues entonces... *¡póngame un huevo bien fresco!*

70. EN EL OCULISTA

—¡Doctor, doctor, sigo viendo manchitas en los ojos!
—¿No ha mejorado con las gafas que le prescribí?
—Bueno, en cierto sentido... *¡Ahora veo las manchas con mucha más claridad!*

71. EN EL PARTIDO

Un domingo, con el estadio lleno hasta la bandera. De pronto, un espectador oye a su vecino exclamar:

—Sesenta y cinco mil seguidores, veintidós jugadores. Dos jueces de línea y un árbitro...

Un poco más tarde:

—Sesenta y cinco mil seguidores, veintidós jugadores. Dos jueces de línea y un árbitro...

Y una vez más:

—Sesenta y cinco mil seguidores, veintidós jugadores. Dos jueces de línea y un árbitro...

Después de cinco veces, el espectador, intrigado, le pregunta al hombre:

—¿Por qué repite todo el rato la misma frase?

—Sesenta y cinco mil seguidores, veintidós jugadores. Dos jueces de línea y un árbitro... *¡¡¡y esa paloma tenía que hacer sus necesidades justamente sobre mi cabeza!!!*

72. ADIVINANZA

¿Qué hace «Pim-pim-pim-pim... tac»?

¡Un ciempiés con una pata escayolada!

73. CIENTÍFICO

¿Cuál es el colmo de un científico que no sabe nadar?
¡Tener un mar de ideas!

74. ¡BASTA DE PENSAR EN EL FÚTBOL!

Un famoso entrenador sufre mucho estrés. Acude a su médico; este lo visita y le dice:
—Demasiado estrés. ¡Tómese un descanso, póngase a dieta y esté un tiempo sin pensar en el fútbol!
Le extiende la receta y, cuando se la entrega, le dice:
—Por cierto, *¿era realmente necesario alinear al nuevo delantero centro el domingo pasado?*

75. MURCIÉLAGOS

Un murciélago está colgado cabeza abajo, y a su lado hay otro colgado cabeza arriba.
El primero le pregunta:
—¿Se puede saber qué estás haciendo?
Y el otro le responde:
—*¿Es que nunca has oído hablar del yoga?*

76. EQUIPO DE FÚTBOL

El capitán de un modesto equipo de fútbol que va último en la clasificación les explica a sus compañeros:
—Por fin he comprendido cuál es nuestro punto débil: *¡no sabemos jugar!*

77. QUESOS

Dos amigos están en un restaurante. Uno de ellos se sirve queso y le pregunta al otro:
—¿A ti qué clase de queso te gusta más? ¿Manchego, parmesano o gruyer?
El amigo le responde:
—La verdad es que me da igual. Total, todos los quesos son... *¡hermanos de leche!*

78. SOCORRISTA

¿Cuál es el colmo de un socorrista?
¡Llamarse Salvador!

79. CAMPEÓN

Un joven bastante bobalicón cruza la línea de meta en una carrera de ocho mil metros.
Incrédulo y feliz por el inesperado resultado obtenido, empieza a dar volteretas, a saltar y a gritar de alegría.
Uno de los jueces de la competición le susurra a otro:
—*¡A ver quién le dice ahora que aún le faltan dos vueltas!*

80. FÓRMULA 1

Una periodista sigue las carreras internacionales de Fórmula 1. Un piloto alemán, Schwarzkopf, las gana siempre todas.

Pero todo el mundo está intrigado con su pequeño secreto: antes de montar en el bólido, el piloto se concentra, saca una tarjeta del bolsillo, lee una frase, la repite para sí, guarda la tarjeta y arranca. ¿Será una oración especial? ¿Un sortilegio? ¿Un mantra? Todos los periodistas tratan de averiguar el contenido de la misteriosa nota.

Una periodista está decidida a descubrirlo; indaga y, por fin, tras mil estratagemas, consigue hacerse con el valioso pedazo de papel. Emocionadísima, lo desdobla y lee: *«Pedal del freno a la derecha, acelerador a la izquierda»*.

81. COMO LO PILLE...

Un atleta desconocido bate el récord mundial de los cien metros en siete segundos exactos. La gente lo rodea para felicitarlo, pero los que están más cerca lo oyen murmurar:

—*Como pille al que me ha metido la avispa en la camiseta...*

82. CAMARERO

¿Cuál es el colmo de un camarero?
¡Llevarle unas gafas a un cliente que no se ve del hambre que tiene!

83. YO PIENSO QUE...

Un ratón, una rata de campo y una rata de alcantarilla están ante un espejo mágico.
¡El espejo tiene el poder de detectar cuando alguien dice una mentira, y hacerlo desaparecer al instante!
El ratón se planta ante el espejo y dice:
—Yo pienso que los ratones son los animales más inteligentes del mundo...
Y ¡puf!, el espejo lo hace desaparecer.
La rata de campo se pone frente al espejo y dice:
—Pues yo pienso que las ratas de campo son los animales más inteligentes del mundo...
Y ¡puf!, el espejo la hace desaparecer.
La rata de alcantarilla, que se ha quedado sola, se pone ante el espejo y dice:
—Yo pienso...
¡Puf! *¡¡¡El espejo la hace desaparecer!!!*

84. OBJETOS PERDIDOS

Marcos entra en casa totalmente empapado.

—Pero ¿no llevabas el paraguas?

—¡Lo he perdido!

—¿Y cuándo te diste cuenta de que lo habías perdido?

—*¡¡¡Cuando fui a cerrarlo!!!*

85. DICTADO

Tras haber explicado en clase el uso de la coma, este es el resultado del dictado que pusieron como ejercicio:

> «El hombre entró en la casa encima de la cabeza, llevaba un sombrero gris en los pies, unas grandes botas en la cara, una alegre sonrisa en la mano, un bastón de ébano en los ojos, una mirada penetrante».

86. CURA MILAGROSA

La esposa le dice a su marido tacaño:
—He ido al médico y me ha recomendado que pase un mes en el mar, una semana esquiando, un mes en el campo y un mes de crucero. ¿Adónde puedo ir primero?
—*¡A otro médico, querida!*

87. PERSONAJES NUMEROSOS

Una rata boba entra en la biblioteca de su pueblo en busca de un libro para leer.
Como no tiene ninguno nuevo a mano, el bibliotecario le da un listín telefónico para tomarle el pelo.
A la mañana siguiente, la rata devuelve el volumen.
—¿Qué tal el libro? —pregunta picado por la curiosidad el bibliotecario.
—La trama está bien, *¡pero salen demasiados personajes!*

88. PREGUNTAS

—¿Quién es el primero en inglés?
—Pedro.
—¿Quién es el primero en matemáticas?
—Pablo.
—¿Quién es el primero en lengua española?
—Mateo.
—¿Y tú?
—¡Yo soy el primero en levantarme cuando suena el timbre!

89. ADMIRADORES

Una cantante participa en un programa televisivo.
—Antes de cantar —le dice orgullosa al presentador—, me gustaría saludar a todos mis fans. ¿Puedo?
—¡Por supuesto! —responde el presentador.
—*¡Hola, Armando!*

90. ASIENTOS

Cuando se acaba la proyección de la película en un viejo cine, un espectador se dirige la mar de enfadado al gerente de la sala.
—¡Estoy hasta las narices de tener que quedarme de pie cada vez que vengo al cine!
—Pero si hay un montón de puestos libres...
—*¡Sí, pero todos los asientos solo tienen el respaldo!*

91. ZOOLÓGICO

¿Por qué el zoológico está cerrado entre las 14.00 y las 16.00 horas?
Porque los elefantes practican paracaidismo.
¿Y por qué los cocodrilos están tan planos?
¡Porque salen del río a las 16.00!

92. UN RESULTADO DE RÉCORD

Campeonato de apnea. Un atleta de la isla de Raterla es el primero en competir.

Permanece bajo el agua siete minutos. Los periodistas exclaman entusiasmados:

—¡Menudo récord! ¿Cómo lo ha logrado?

—¡Lo que me ha inspirado ha sido el deseo de hacer famosa la isla de Raterla!

El segundo competidor es un nadador muy robusto. Permanece sumergido ocho minutos. Los periodistas le preguntan:

—¡Excepcional! Díganos, ¿cuál es su técnica?

—Entrenar siempre, domingos incluidos, ni un momento de descanso, ni una distracción...

Le toca el turno al tercer competidor, un tipo muy esmirriado. El flacucho se sumerge. Pasan tres, cinco, nueve minutos... Tras doce minutos exactos, sale a la superficie. Lo llevan en hombros.

—¿Cómo lo ha hecho? —le preguntan los periodistas.

—Ha sido una experiencia horrible —explica él, aún sin aliento—. *¡Es la primera vez en mi vida que el bañador se me queda enganchado en el fondo!*

93. JOYERO

¿Cuál es el colmo de un joyero?
¡Tener un corazón de oro!

94. HOJA MUERTA

Dos barrenderos están recogiendo las hojas muertas en un parque público.
De pronto, una ráfaga de viento mueve una hoja, y el barrendero más bobo de los dos le dice al otro:
—¡Espera un momento! ¡Esa hoja se ha movido! *¡A lo mejor solo está herida!*

95. ¡NO SEAS RIDÍCULO!

Un tipo en la playa no para de hacer cosas para pavonearse. Exhibe sus bíceps, da un salto mortal y se pasea arriba y abajo sacando pecho. Un niño pequeño empieza a imitarlo.
El tipo, mosqueado, se dirige a la madre del niño:
—Disculpe, señora, su hijo no para de imitarme. ¿Puede decirle que pare de una vez?
La madre esboza una risita y responde:
—Faltaría más. *¡Pablito, déjalo ya, no seas ridículo!*

96. ¡NADAD, VALIENTES!

Unos pasajeros de un crucero están nadando en la piscina.
De pronto, ven al capitán, que les grita desde lo alto:
—*¡Así me gusta, valientes, seguid nadando... que el barco se hunde!*

97. TRUCO

Tras un partido victorioso, el presidente de un equipo de rugby felicita al entrenador:
—¡Enhorabuena! ¿Cómo ha conseguido que los jugadores se pasasen tan rápido el balón?
Y el otro le responde con una risita:
—He empleado un truco: *¡antes de cada entrenamiento sumergía la pelota en un cubo de estiércol!*

98. PELUDO

—¡Mamá, mamá, en el colegio todos me llaman «peludo»!
La mujer, al oírlo, se altera muchísimo y corre a decirle a su marido:
—¡Jorge! ¡Jorge! *¡El perro habla!*

99. EL PEQUEÑO TROMBONISTA

Felipe va a casa de su amiguito Alberto y lo encuentra practicando con su trombón.
—Vaya... pero ¿no me habías dicho que odiabas tocar este instrumento?
—Sí —le responde Alberto con una sonrisa maliciosa—, *¡pero eso fue antes de descubrir que el sonido de mi trombón pone de los nervios a todo el vecindario!*

100. MERENDANDO EN EL ÁRBOL

Un campesino ve a un desconocido subido a su manzano.
—¿Qué hace usted ahí arriba? ¡Baje de inmediato!
—Estoy comiendo higos.
—¡Pero si es un manzano!
—¡Y a mí qué me importa! *¡¡¡Me he comprado un kilo de higos y me los como donde quiero!!!*

101. COCINERO

¿Cuál es el colmo de un cocinero?
¡Quedarse cocido de una borrachera!

102. PRÉSTAMOS Y FAVORES

—¿Julio, por favor, me prestas tu bici?
—No, pero puedes pedírsela a mi amigo Nicolás.
—¡Pero si ni siquiera lo conozco!
—En efecto, *y puede que te la preste precisamente por eso...*

103. INFORMACIÓN

Una rata boba llama al departamento de información del aeropuerto:
—Buenos días, ¿podría informarme de cuánto dura el vuelo Barcelona-Palma?
La operadora le responde:
—Un momento...
Y la rata exclama:
—Caray, no pensaba que fuera tan rápido... ¡Gracias!

104. TREN... EXPRESO

El señor Martínez entra en la estación y le pregunta a un hombre que está en el andén:

—¿Me da tiempo a coger el tren a Valencia?

Y el hombre le responde:

—Depende de lo deprisa que usted corra. *Salió hace cinco minutos.*

105. AUTOMATISMOS

Un avión totalmente automatizado despega para su primer vuelo. En cuanto ha tomado altura, los pasajeros oyen una voz tranquilizadora que les dice a través de un altavoz:

—Señoras y señores, ya pueden reclinar sus asientos, relajarse y disfrutar del vuelo. Este avión es completamente automático: piloto automático, servicio de restaurante automático, sistema de aterrizaje automático. Pueden estar tranquilos, es imposible que algo se rompa... *rompa, rompa, rompa... rompa....*

106. AVIADOR

¿Qué hace un aviador cuando está triste?

¡Vuela bajo!

107. ... ¿Y AQUÍ?

Un hombre llega a Urgencias, y el doctor le pregunta:

—Hum, ¿le duele cuando toco aquí?

—No.

—Veamos... ¿y si toco aquí?

—¡Tampoco!

—¿Y si toco aquí, aquí y aquí?

—¡Nada! Pero tenga en cuenta que no me he roto la pierna derecha, *¡sino el brazo izquierdo!*

108. PERDONE, ¿DE QUÉ MARCA ES?

Un industrial (muy muy rico) le anuncia al novio de su hija (muy muy pedante):

—Joven, esta es la dote de mi hija: doscientos mil euros en el banco, un ático en el centro de la ciudad, una casa en la montaña, otra en el mar, un coche nuevo, un cofrecillo lleno de joyas, una cubertería de plata, una vajilla de porcelana...

Pero el novio pedante lo interrumpe:

—Disculpe, *¿de qué marca es la vajilla?*

109. ALTAVOZ

¿Cuál es el colmo de un altavoz?
¡Quedarse afónico!

110. EXTRAÑA DIETA

Un hombre se siente indispuesto, va al médico y este, tras reconocerlo, exclama:
—¡Tiene usted una enfermedad gravísima y muy muy contagiosa! ¡Debe ser ingresado de urgencia en el hospital en cuarentena y tendrá que someterse a una dieta a base de lenguados, pizza y crepes!
Tras el susto inicial, el paciente se recobra y dice:
—Vale, doctor, entiendo lo del ingreso, pero lo que no acabo de comprender es esa dieta tan extraña. ¿Qué tienen en común los lenguados, la pizza y las crepes?
Y el doctor le responde:
—Muy fácil: *¡los tres alimentos pueden pasarse por debajo de la puerta!*

111. IMPRESOR

¿Cuál es el colmo de un impresor?
¡Causar una mala impresión!

112. EL ÚLTIMO

Tras la reunión de padres y profesores, un padre vuelve a casa y su hijo le pregunta enseguida:
—¿Cómo ha ido? ¿Qué te han dicho de mí?
—¿Sabías que eres el último de la clase?
—*¡Papá, no tengo la culpa de que el último de la clase se haya mudado a otra ciudad!*

113. GUITARRA

¿Cuál es el colmo de una guitarra?
¡No estar acorde con la moda!

114. TELÉFONO

—Hola, Mario, ¿sabes?, esta mañana estaba cerca de tu oficina, necesitaba telefonear pero me había dejado el móvil. Entonces he entrado en tu trabajo y he preguntado si podía usar vuestro teléfono. ¿No te molesta, verdad?
—En absoluto, *hace dos meses que me despidieron...*

115. UN DÍA ANTES

Dos ratas bobas hacen planes:
—¿El domingo pasarás a buscarme a mi casa para ir a pescar?
—Vale, pero ¿y si llueve?
—*¡En ese caso, pasa el día antes!*

116. REPUESTO

—¿Adónde vas con ese zapato en la mano?
—*¡Es el que llevo de repuesto para los viajes largos!*

117. BROCHA DE AFEITAR

El papá de Luisito, que se está afeitando la barba, protesta:
—¿Cómo puede ser que esta brocha esté tan dura?
Y Luisito le responde:
—Pues sí que es raro, porque ayer la usé para pintar mi bici... *¡y estaba suavecita!*

118. ANUNCIO EN VUELO

Durante un vuelo de línea regular, el comandante informa a los pasajeros:
—Señoras y señores, hemos alcanzado la altitud prevista. Pueden desabrocharse los cinturones de seguridad y moverse libremente, pero, por favor, *¡permanezcan dentro del avión!*

119. ANTENOR

En la taquilla de la estación ferroviaria.
—¿Me da un billete para Antenor?
—¿Antenor?... ¿Dónde narices está ese sitio?
—No es un pueblo, hombre. *¡Es mi hijo, el que está sentado en aquel banco!*

120. COSAS DE CABALLOS

¿Qué le dice un caballo a otro?
Me parece que hoy estás de morros.

121. GOLOSO

Mamá regaña al hermano mayor:
—¡Te has comido todos los pastelillos sin pensar en tu hermanito!
—No, mamá, he estado pensando todo el rato en él: *¡tenía miedo de que llegara antes de que me los hubiera zampado todos...!*

122. EN EL CINE

Un chico y una chica están en el cine y cuchichean animadamente.
En un momento dado, una señora se vuelve y los reprende:
—¡Por favor, chicos, no se oye nada!
Y el chico le replica:
—¿Y a usted qué le importa? *¡Son cosas nuestras!*

123. MIEDO EN LAS VÍAS

—¿Sabes por qué el tren pita en los túneles?
—Para avisar a los pasajeros.
—¡Qué va! *¡Es para vencer el miedo que le entra cada vez que se mete en un agujero tan oscuro!*

124. AVISO A LOS VIAJEROS

En los altavoces de la estación se oye:
—«Se ruega al señor que ha cogido el tren a Barcelona de las 10.42, *¡que lo devuelva inmediatamente al andén número uno!*».

125. PROGRESO

Durante una maniobra en la estación, una locomotora de vapor se cruza con una locomotora eléctrica y le dice:
—*¡Veo que has dejado de fumar!*

126. VIAJAR... MUY BARATO

En el aeropuerto.
—¿Es usted el señor que ha insistido en contratar un vuelo supereconómico?
—¡En efecto! ¿Cuándo despega?
—*¡Ah, justo el tiempo que tardemos en atarle las alas a la chaqueta!*

127. NÚMERO 18

Una rata sale de casa para ir a la biblioteca. Ve a una señora y le pregunta:
—Disculpe, ¿dónde puedo tomar el autobús para ir a la biblioteca municipal?
La señora le responde:
—En la acera de enfrente, es el número 18.
Unas horas más tarde, la señora vuelve a pasar por allí y se queda asombrada al ver que la rata aún sigue esperando el autobús. Entonces le pregunta:
—¿Qué ha pasado, no ha cogido el 18 como le dije?
Y la rata le responde:
—¡Aún no! Solo han pasado 16... *¡uno más y llegará el mío!*

128. ¡MENUDO PALO!

Un señor va a un restaurante.
Cuando termina de comer y llega la hora de pagar, protesta:
—¡Camarero, la comida estaba sosa!
Y el camarero le responde:
—No se preocupe, señor, *¡ya verá qué fuerte encuentra la cuenta!*

129. ¡EXTRATERRESTRE!

Antonio regresa a la granja en su tractor.
De pronto, entre unos matorrales próximos al borde de la carretera... ¡¡¡ve algo blanco que se mueve!!!
Un ser completamente blanco está agachado en el suelo y emite unos extraños sonidos:
—Hum, humm, hummm...
Antonio se estremece: ¡seguro que es un extraterrestre! ¡Qué miedo, qué canguelo, qué susto!
Antonio se arma de valor, baja del tractor, se acerca muy despacio, de puntillas...
Se dirige hasta el hombre completamente blanco y dice con voz temblorosa, recalcando sus palabras:
—BIENVENIDO – A – LA – TIERRA – EXTRANJERO – ESTÁS – EN – ESPAÑA – YO – SOY – UN – GRANJERO – ME – LLAMO – ANTONIO – NO – SÉ – SI – ENTIENDES – MIS PALABRAS...
El ser blanco estornuda y le responde levantando una nube de harina:
—SO – TONTO – SOY – PEPE – TU – VECINO – EL – PANADERO – ME – HE – CAÍDO – EN – LA – HARINA – ESTOY – BUSCANDO – MIS – LENTILLAS...

130. ¿Y YO QUÉ TENDRÍA QUE DECIR?

Una señora que está haciendo cola ante una ventanilla de Correos protesta:

—¡Ufff, ya llevo veinte minutos en esta ventanilla!

La empleada suspira y le responde:

—Señora mía, *¿y yo qué tendría que decir, que ya llevo veinte años...?*

131. SE VENDE

En la puerta de una casa hay un cartel que pone:

SE VENDE SAXOFÓN.

Y en la puerta de la casa de al lado también hay un letrero:

¡POR FIN!

132. ¡DIÁLOGO ABSURDO!

Un pescador está pescando en medio del mar.
De pronto exclama:
—¡Cómo aprieta el sol... nunca había visto un sol tan fuerte!
Una gaviota que pasa por allí masculla:
—¡Sí, qué calor!
Un delfín murmura:
—Nunca había oído hablar a una gaviota...
Y la caña de pescar exclama:
—¡Yo tampoco! *¡Increíble!*

133. HOMBRE Y ÁRBOL

¿Qué significa un hombre subido a un árbol?
¡Que ese hombre no toca con los pies al suelo!

134. PUNTOS SUSPENSIVOS

¿Sabéis qué hacen tres hormigas detrás de una palabra?
¡De puntos suspensivos!

135. PULGAS

¿Qué hacen dos pulgas encima de una cabeza calva?
Juegan al tobogán.

136. SIRENA

¿Por qué las ratas bobas llevan siempre un cubo lleno de agua en las ambulancias?
¡Para meter la sirena dentro!

137. SEÑALES DE TRÁFICO

¿Sabéis cuál es la señal de tráfico más tímida?
El semáforo: se pone rojo cuando ve acercarse a un automovilista.

138. FRUTA

¿Cuál es la fruta más dulce?
¡Las fresas con nata!

139. A PRIMERA VISTA

¿Usted cree en el amor a primera vista o prefiere *que pase otra vez por delante de su puerta*?

140. HEREDERA

Una joven riquísima le dice a su novio:
—Empiezo a pensar que el único motivo por el que quieres casarte conmigo es que mi tío abuelo de América me ha dejado un millón de dólares.
—¡Pero qué dices! ¡No me importa lo más mínimo *quién* te los haya dejado!

141. NOVIOS

—Luisa, ¿cuándo dejarás de ser tan celosa?
—*¡Cuando vuelvas a llamarme María!*

142. VELADA ROMÁNTICA

Un fantasma conversa con otro fantasma:
—Ayer tuve una cita con una fantasmita monísima, *¡pero al final me di cuenta de que era una sábana puesta a secar!*

143. PLATOS

La esposa le dice a su marido:
—Tú lavas los platos y yo los seco.
Pero cuando el marido ha acabado de lavar los platos, ella le dice:
—Mira, me lo he pensado mejor: *¡yo lavo y tú secas!*

144. CONSEJO

Jamás te enamores de una jardinera.
Acabará... *¡¡¡plantándote!!!*

145. CON AMOR

—¡Eres un soso! —le dice una chica a su novio—. Nunca me dices nada con amor.
—¿Con amor? A ver... déjame pensar... Ya lo tengo: *¡clamor!*

146. AUTOBÚS

—Ufff, ¿cuándo sale este autobús?
—¿Por qué? ¿Tienes prisa?
—*¡Nooo... es que tengo el pie debajo de la rueda!*

147. PREGUNTA

Un orador acaba de dar una conferencia y se dirige al público:
—Y ahora, para terminar, ¿alguien quiere hacer alguna pregunta?
Al fondo de la sala un tipo levanta la mano y toma la palabra:
—Disculpe, *¿podría decirme qué hora es?*

148. ¡SEGURÍSIMO!

El profesor de filosofía les explica a sus estudiantes:
—Las personas inteligentes siempre dudan. Los únicos que nunca tienen dudas y solo tienen certezas son los memos.
—¿Está usted seguro, profesor? —le pregunta un alumno.
—*¡Segurísimo, no me cabe la menor duda!*

149. GANGA

Un agente de seguros trata de convencer a un cliente.

—¡Créame, es una ganga! ¡Tiene que suscribir este seguro de accidentes! ¡Es utilísimo! Por ejemplo, si usted se cae por una ventana, *¡mi compañía le proporcionará unas gafas nuevas!*

150. ¿UN DIEZ?

Un niño vuelve a casa con las notas.

El padre las lee en voz alta y se enfada muchísimo.

—¡Qué vergüenza! Un tres en matemáticas, cero en lengua, dos en historia, cuatro en geografía...

—Pero entonces —añade sorprendido—: Y aquí... ¿hay un diez?

El niño se explica:

—*¡Eso son las ausencias injustificadas!*

151. ¿Y LA DENTADURA?

En el cine, un viejecito se pone en pie, lanza una exclamación y empieza a rebuscar bajo su asiento. Todos protestan:

—Pero ¿qué pasa? ¿Qué está haciendo?

El viejecito se explica:

—¡Se me ha caído el chicle!

—¿Y está armando todo este alboroto por un chicle?

—*¡Es que estaba pegado a mi dentadura!*

152. MARTILLO NEUMÁTICO

Dos obreros están trabajando en una cantera. Uno le dice al otro:

—¡Maldita sea, este martillo neumático hace un ruido tremendo!

Y el otro le responde:

—¿Qué diceees?

El obrero, exasperado, grita a pleno pulmón:

—¡¡¡He dicho que el martillo neumático hace un ruido tremendo!!!

Y su compañero grita a su vez:

—¡Maldita sea, este martillo neumático hace un ruido tremendo!

—*¡No te oigooo! ¡Este martillo neumático hace un ruido tremendo!*

153. ¡¡¡VAYA CORBATA!!!

Una señora le regala a su marido una llamativa corbata violeta con topos amarillos por su cumpleaños.

La señora le pregunta al esposo:

—¿Te gusta la corbata?

—Hummm...

—¿Con qué piensas combinarla?

—Pues, yo diría que... *con una larga barba...*

154. METALISTA

¿Cuál es el colmo de un metalista?

¡Tener un estómago de hierro, nervios de acero, un corazón de oro y sentirse un poco oxidado!

155. PATO

¿Cuál es el colmo de un pato?

¡Tener la piel de gallina!

156. ABOGADO

¿Cuál es el colmo de un abogado?

Estar sentado y estudiar... *¡derecho!*

157. RELOJ

Este reloj se puede usar en el agua.
¡Qué raro... no veo dónde lleva el grifo!

158. EN EL COLE

Un niño vuelve de la escuela y su madre le pregunta:
—¿Cómo ha ido? ¿Has aprendido alguna cosa?
—No mucho, mamá, *¡mañana también tengo que volver!*

159. JAGUARES CAMUFLADOS

—Si pudieran hablar, ¿qué dirían estos jaguares...?
—*¡Dirían que son panteras!*

160. ¡AY!

Jaimito va al médico.

—Doctor, estoy desesperado: si me toco aquí con el dedo, me duele; si toco aquí, me duele; si toco aquí, también me duele...

El doctor lo examina y concluye:

—*¡Jaimito, lo que te pasa es que tienes el dedo roto!*

161. MIEDO

¿Por qué los ratones no quieren ir a la montaña?

¡Porque allí está el abominable *gato de las nieves*!

162. CAMINA, CAMINA

Dos amigos se encuentran en un bar. Uno le pregunta al otro:

—¿Cómo está tu familia?

—¡Muy bien! Imagínate, mi hijo pequeño camina desde hace un año.

Y el otro le responde:

—*¡Caramba, pues ya debe de estar muy lejos!*

163. TRANSPORTE ALTERNATIVO

Dos guardias de tráfico paran a un joven que va caminando por la autopista con unos esquís puestos, le piden la documentación y llaman a su padre.

—Su hijo iba caminando por la autopista con unos esquís puestos, ¿puede venir a buscarlo?

—Sí, denme cinco minutos y *¡paso a recogerlo con la moto de nieve!*

164. SARDINA

¿Cuál es el colmo de una sardina?

¡Tener parientes ancianos muy bien conservados!

165. COMPAÑEROS DE PUPITRE

—¿Cómo te ha ido el examen de mates?

—Lo he dejado en blanco...

—¡Maldita sea, yo también! *Ahora se pensarán que hemos copiado...*

166. DUDA RAZONABLE

En su primer día de guardería, el pequeño Marcos se acerca a una niña mayor que él y le dice:
—Disculpa, es mi primer día aquí... *¿Sabes si pagan por semanas o por meses?*

167. NUEVAS TECNOLOGÍAS

Una rata boba se pasa el día saliendo de casa y comprobando si hay algo en el buzón. Intrigado con tantas idas y venidas, un vecino le pregunta:
—¿Estás esperando una carta importante?
—No, es el ordenador, *¡que no para de decirme que tengo correo!*

168. AGILIDAD

¿Cómo se las apaña un elefante para bajarse de un árbol?
¡Se sube encima de una hoja y espera a que llegue el otoño!

169. ¿LO SABES?

Dos amigos están haciendo un crucigrama.
—Queso con agujeros, ocho letras.
—Me parece que lo sé. ¿Horizontal o vertical?
—Vertical.
—*Ah, pues entonces no lo sé...*

170. TABLAS

—Pedrito, dime la tabla del 3.
—3 x 1 = 3, 2 x 2 = 6, 3 x 3 = 9... la, la, lala, lalaaa...
—Pero, Pedrito, ¿qué estás diciendo?
—Lo siento, me acuerdo de la música, *¡pero se me ha olvidado la letra!*

171. VECINOS

En el autobús, una rata boba está observando a otra con insistencia.
—Disculpe, pero ¿por casualidad no vivirá usted en la calle del Gruyer? Yo tampoco.
—*¡Sin duda debe de tratarse de otras dos personas!*

172. ¡A LA MESA!

—Profesora, ¿sabría decirme qué animal come con la cola?
—¡Ninguno!
—¿Cómo que ninguno? *¿Es que acaso ha visto a alguno que se la quite antes de comer?*

173. CLAVOS

Un señor tiene que colgar un cuadro.
Como ha cogido el clavo del revés, no hay manera de que penetre en la pared, y entonces un colega le desvela el misterio:
—¡Quieto! *¿No ves que ese clavo va en el otro lado de la pared?*

174. PINTOR

¿Qué dice un pintor cuando encuentra unos zapatos que le van perfectos?
—*¡Me quedan como un pincel!*

175. CALORÍAS

Dos amigos están de compras en una tienda de ropa.
—¿Qué te parece, crees que esta camiseta me engorda?
—*¿Por qué, es que te la piensas comer?*

176. CON LA BOCA ABIERTA

En un tren, un señor explica:
—¡Soy un profesor famoso, cuando hablo, todos me escuchan con la boca abierta!
El señor que está sentado enfrente, sonríe y comenta:
—A mí me pasa lo mismo...
—Ah, ¿usted también es profesor?
—No... *¡¡¡dentista!!!*

177. ABONO CADUCADO

En el tren, un revisor le dice a un pasajero:
—¡Señor, su abono es del año pasado!
—Ah, bueno —le responde este—, no se preocupe: *¡yo no sigo las modas!*

178. COMPRAS A MEDIDA

¿Qué compran en una tienda de ropa un pintor y una escritora?
Él compra una camisa de cuadros; ella, un sombrero con una *pluma*...

179. SUMAS

Dos compañeros de clase están hablando, y uno exclama enfadado:
—¡No entiendo las matemáticas! Ayer el profesor dijo que 3 + 7 = 10. Hoy, sin embargo, ha dicho que 6 + 4 = 10... A ver, *¡¿en qué quedamos?!*

180. MIGUEL... ¿QUÉ?

Antonio se encuentra con Lucas, que lleva un grueso libro bajo el brazo.
—¿Adónde vas con ese libro?
—Me lo he encontrado y quisiera devolvérselo a su propietario.
—¿Y de quién es?
—Verás, no conozco al tipo, pero lleva el nombre escrito en la tapa: *¡¡¡Miguel de Cervantes!!!*

181. ANÁLISIS GRAMATICAL

Zapato: nombre común de cosa...
Género: masculino...
Número: *¡depende de quién lo lleve!*

182. ANTENA PARABÓLICA

Un caracol que lleva una antena parabólica montada en el caparazón le dice a otro caracol que lo está observando estupefacto:
—No tiene nada de raro: *¡solo voy unos cuantos años por delante de la evolución de la especie!*

183. ESCRITURA ANTIGUA

En el Antiguo Egipto, un maestro escriba enseña a escribir a un alumno, y en un momento dado lo corrige y le dice:
—*¡Tienes que cuidar la ortografía, siempre te olvidas de que «forzudo» se escribe con dos bíceps!*

184. ANTIGÜEDADES

Un señor entra en la tienda de un anticuario y le pregunta al empleado:
—¿Les ha llegado alguna *novedad* últimamente?

185. BIGOTES AL VIENTO

—¿Sabes? —le dice un tipo a su amigo—, una vez vi a un roedor que tenía los bigotes tan largos que cuando el viento soplaba a favor *¡llegaban un día antes que él!*

186. BANCOS PARA PECES

¿Dónde se sientan los peces cuando van al cole?
¡En los bancos de arena!

187. ¡QUÉ BONITO!

Un niño va al bosque y exclama admirado:
—¡Qué bonito, papá, nunca había estado en una *fábrica de árboles!*

188. BUSCANDO DÓNDE REPOSTAR

En un pequeño aeródromo, la torre de control capta estas palabras:
—Torre de control, soy un piloto novato a bordo de un Cesna 565 y se me ha acabado la gasolina...
—¡Tranquilo, nosotros te guiaremos! Reduce la velocidad al mínimo, controla los instrumentos, prepara el paracaídas. Mira abajo. ¿Ves un aeropuerto en las cercanías?
—La verdad es que estoy aquí delante, en la pista: *¡yo solo quería saber dónde podía llenar el depósito...!*

189. ¿AVENA O NARANJADA?

En la universidad, un profesor está examinando a un alumno muy espabilado pero que no se ha preparado el examen. Se le nota tanto que, tras unas cuantas respuestas erróneas, el profesor lo interrumpe y exclama:
—¡Ayudante, tráigale avena al asno!
Y el estudiante añade fulminante:
—*¡Y para mí una naranjada!*

190. ¿UN VASO... DE AGUA?

—¿Podría ponerme un vaso de agua?
—*¡Lo siento, aquí solo tenemos vasos de vidrio!*

191. BOBOS Y BICIS

Dos bobos van en bicicleta, y de pronto uno se baja de la suya y desinfla la rueda de atrás.
—¿Por qué lo has hecho? —le pregunta el otro.
—Porque la bicicleta era demasiado alta.
Al cabo de un rato, el otro también se baja de su bici y le da la vuelta al manillar.
—¿Por qué has girado el manillar? —pregunta intrigado el amigo.
—Es que estoy cansado: *¡ahora volveré a casa marcha atrás!*

192. ANDÉN VACÍO

Un señor con una maleta llega apresurado a un andén vacío y le pregunta al jefe de estación:
—¿Hace mucho que salió el primer tren a Mataró?
—Verá, señor, yo diría que sí: *¡en 1880!*

193. BOTELLA LIGERA

¿De qué tiene que estar llena una botella para pesar menos?
De... *¡agujeros!*

194. CENTRO DE LLAMADAS

Un señor llama a un centro de información telefónica.
—Buenos días, quisiera información sobre un número de teléfono.
La operadora le responde:
—Primero tiene que marcar el 10.
—¿Y cómo lo hago? *¡Las teclas solo llegan hasta el 9!*

195. MEDIAS DE COLOR

En una mercería, una señora le pide a la dependienta:
—Quisiera unas medias de color café, pero no demasiado oscuras, como el color del café un poco ligero, o como el que se toma con leche...
—*¿Las quiere con o sin azúcar?*

196. SOMBRERO MOLESTO

—Señora, o se quita esa pamela tan inmensa que lleva puesta o me cuenta un chiste, porque yo *¡he venido al cine a divertirme!*

197. CHOCOLATE

En la puerta de un bar hay un cartel donde pone CHOCOLATE Y BILLAR.
Un señor entra en el local y pide:
—¡Quisiera un chocolate con billar!
El camarero le dice con una sonrisita:
—Señor, me parece que aquí hay un equívoco...
—Ah, vale... *¡pues póngame también el equívoco!*

198. CÓMICOS

¿Cuál es el colmo de un cómico?
¡Tomarse el trabajo demasiado en serio!

199. ORDENADORES Y RESFRIADOS

¿Por qué las ratas bobas evitan acercarse a los ordenadores cuando están resfriadas?
¡Para no contagiar virus!

200. CONCENTRADA

Una rata boba entra en un supermercado, se pone delante de un estante y se queda inmóvil, con la mirada fija. Al cabo de una hora, el propietario se le acerca y le pregunta:
—Disculpe, ¿busca alguna cosa?, ¿puedo ayudarla?
—No, no, solo venía a comprar salsa, pero como en el envase pone que hay que estar «*concentrada*»...

201. CONFUSIÓN

—Mi perro se llama *Quieto* —dice Mario—, pero creo que le cambiaré el nombre.
—¿Y eso por qué? —le pregunta un amigo.
—Porque cuando le digo: «Ven aquí, *Quieto*», *¡el pobre nunca sabe lo que tiene que hacer!*

202. CRISTÓBAL COLÓN

Un profesor explica a sus alumnos que, según estudios climáticos recientes, América se está enfriando.
—La culpa es de Cristóbal Colón —dice Ingrid.
—¿Por qué? —le pregunta el profesor, asombrado ante aquel comentario.
Y la alumna responde:
—Porque él fue quien... *¡la descubrió!*

203. DERRUMBE

¿Cuál es el colmo de un constructor de andamios?
¡Que se le hunda el negocio!

204. LOPE DE VEGA

Un profesor explica a sus alumnos la importancia del dramaturgo Lope de Vega, que vivió de 1562 a 1635.
Al terminar su explicación, dice:
—¡Creo que si Lope aún estuviera vivo, hoy seguiría siendo un personaje excepcional!
—Desde luego —comenta un estudiante—, *¡como que tendría más de cuatrocientos cincuenta años!*

205. ¡DENTÍFRICO... DE COMBATE!

Una señora entra en una farmacia con un dentífrico en la mano. Se dirige al farmacéutico y protesta indignada:

—¡Cuando compré este dentífrico usted me dijo que combatía las caries, pero no me ha hecho el menor efecto!

Y el farmacéutico le responde:

—Señora, yo le dije que combatía las caries... *¡pero no le aseguré que venciera!*

206. PARTIDO DECISIVO

Entre aficionados al fútbol.

—¿Hoy no irás al estadio? ¡Juegan el Barcelona y el Real Madrid!

—¿Para qué?, *¡ya vi el partido el año pasado...!*

207. DERMATÓLOGO

¿Cuál es el colmo de un dermatólogo?

¡Que cuando se explique, nunca vaya al grano!

208. DESCRIPCIÓN DETALLADA

Una señora entra en una librería y le dice al librero:
—Quisiera un libro, pero ahora no recuerdo el título. Deje que piense... mmm... es voluminoso, lleva una cubierta y tiene un montón de páginas. *¿Sabe cuál le digo?*

209. DESEOS... MARINOS

Un pez le dice a su novia:
—Pide un deseo: *¡acabo de ver caer... una estrella de mar!*

210. DIÁLOGO ESPUMOSO

En un estante del baño, una pastilla de jabón le dice a la otra:
—Tienes una línea perfecta. ¿Cómo lo consigues?
—Muy fácil: para adelgazar *¡me doy un buen baño todos los días!*

211. DIRECCIÓN

—Disculpe, ¿adónde va esta carretera?
—A ninguna parte. *¡Nunca se ha movido de aquí!*

212. ECO

¿Cuál es el colmo del eco?
¡No poder tener siempre la última palabra!

213. ECONOMÍA

¿Cuál es el animal más experto en economía?
¡El canguro, porque desde pequeño juega en la bolsa!

214. URBANIDAD

Una chica llama al servicio de asistencia de un sitio web:
—Buenos días, estoy tratando de entrar, pero el ordenador todo el rato me dice «acceso prohibido».
Y la teleoperadora le aconseja:
—*¿Ha probado a llamar a la puerta?*

215. EFECTOS DE LA PEREZA

El profesor encarga a los alumnos la redacción: «Los efectos de la pereza». Al cabo de una hora recoge los trabajos y ve que Ana ha dejado la hoja en blanco.

—¿Esto qué significa? —le pregunta el profesor.

—Resulta obvio, señor profesor: *¡mi redacción es un claro ejemplo de los efectos de la pereza!*

216. HUM, DISCULPE...

Un agente de tráfico para a un hombre que circula con una alfombra voladora por una céntrica calle de la ciudad.

—Hum, disculpe... Haga el favor de mostrarme el carnet de conducir, el impuesto de circulación... *¡y el certificado de origen de la alfombra!*

217. ELEFANTE OCULTO

¿Por qué los elefantes se pintan las uñas de rojo?

Para camuflarse en un campo de fresas.

¿Y cómo es que nunca nadie ha visto a un elefante en un campo de fresas?

¡Porque el camuflaje funciona!

218. ELECTRICISTA

Nicolás le dice a su abuela:
—¿Sabes?, de mayor me gustaría hacer una carrera brillante.
—Muy bien, ¿y qué estudiarás?
—*¡Para electricista!*

219. ENCICLOPEDIA

La profesora le pregunta algunas cosas a Marco y este se queda callado.
Pasado un rato, el niño interrumpe a la profesora y le dice:
—Señorita, si realmente quiere saber todas esas cosas, *¿por qué no consulta una enciclopedia en lugar de preguntármelo a mí?*

220. ENCUENTRO

Juanito se encuentra a Pepito por la calle y le dice:
—Oye, ¿me prestarías diez euros?
—Por supuesto, pero tendrá que ser cuando regrese de Madrid.
—Ah, ¿entonces te vas a Madrid?
—*No tengo la menor intención...*

221. ¡VIVA!

Un explorador se ha perdido en la selva.
De pronto, oye un crujido detrás de un árbol. Se acerca y ve a un hombre que se planta ante él.
—¡Viva! ¡Me he perdido y hace días que no veo a un ser humano! ¡No puede ni imaginarse lo feliz que me siento!
—No veo el motivo —replica el desconocido—: *¡yo me perdí hace veinte años...!*

222. HERRERO

¿Cuál es el colmo de un herrero?
¡Tener la cara más dura que el acero y el corazón de oro!

223. ¡HAMBRE EXAGERADA!

En un restaurante, un hombre ha invitado a comer a una chica que parece tener mucho apetito. Cuando ya van por los postres, el camarero le pregunta al hombre:
—¿Desea algo más, señor?
Y el otro le responde con expresión preocupada:
—Pues sí, desearía... *¡que traiga las cuentas separadas!*

224. FIEBRE

En el hospital, una enfermera le comenta al médico:
—¡Doctor, doctor, la señora de la 103 tiene fiebre!
—¿Es muy alta?
—Psse... *¡metro sesenta y cinco!*

225. EN LA PARADA DEL AUTOBÚS

En la parada del bus, un señor está mirando hacia arriba todo el rato. A su alrededor no tarda en formarse un pequeño corro de personas que también miran intrigadas en la misma dirección, tratando de averiguar qué está pasando. Entonces llega un amigo del señor, lo saluda y le dice:
—*¡Uf, veo que aún no se te ha pasado la tortícolis!*

226. CUENTO

Después de haber acostado al niño, los padres se sientan en el sofá a ver la tele. Pero al cabo de un rato el niño aparece en el salón.

—¡David! ¿Cómo es que aún estás despierto? —le pregunta el padre.

Y el niño le responde:

—*¡Es que se me ha pasado el efecto del cuento que me contaste!*

227. PELÍCULA SOPORÍFERA

—¿De verdad que es la quinta vez que vienes a ver esta película? ¿Tan buena es?

—No lo sé... *¡siempre me quedo dormido a los diez minutos!*

228. TODO UN CRACK

Jorge le explica a su amiguito:

—¿Sabías que mi padre es capaz de parar un coche con una sola mano?

—¡Increíble! ¡Debe de ser muy fuerte!

—Qué va... *¡es guardia urbano!*

229. GATO NEGRO

¿Cuándo te trae más mala suerte que se cruce en tu camino un gato negro?
¡Cuando eres un ratón!

230. GEMELOS CASI IDÉNTICOS

Juanito le anuncia a Pepito:
—¡Voy a casarme!
—¿Ah, sí? ¿Y tu futura mujer es guapa?
—Muy guapa.
—¿Y es simpática?
—Muy simpática. ¡Por cierto, es gemela!
—Vaya, ¿y cómo te las apañas para no confundirla?
—Ah, es fácil: *¡¡¡su hermano gemelo lleva bigote!!!*

231. EL GENERAL

Un soldado viaja sentado en un autobús.
En una de las paradas sube un general.
El soldado se pone en pie de golpe y el general le dice:
—¡Tranquilo, puedes sentarte de nuevo!
Pasan unos minutos, y el soldado vuelve a ponerse en pie.
El general le dice:
—Gracias, pero no hace falta, puedes sentarte.
El soldado se pone de pie por tercera vez, y el general exclama:
—¡Te he dicho que puedes quedarte sentado!
Y el soldado, rojo como un tomate, le responde:
—Hum... mi general, la verdad es que... *¡ya tendría que haberme bajado... tres paradas atrás!*

232. LISTILLO

En el quiosco, un cliente que se cree muy listo, le dice al quiosquero:
—Deme el periódico de hoy... *¡y también el de mañana, así no tendré que volver a bajar!*

233. NIÑA AMABLE

Mamá se da cuenta de que la pequeña Sara está remoloneando a la hora de prepararse para ir a la escuela y le pregunta el motivo.
La niña le responde:
—He decidido que hoy me quedaré en casa, *¡y así la profesora podrá estar un poco más tranquila...!*

234. HIELO

Emma está llorando ante el lavabo lleno de agua.
Su padre le pregunta:
—¿Por qué lloras? ¿Qué te ha pasado?
—Se me ha caído un cubito de hielo en el agua caliente *¡y ahora no lo encuentro!*

235. FRÍO

Un niño le pregunta a su amigo:
—Si las jirafas pasan frío, ¿les da dolor de garganta?
Y el otro responde riendo:
—Sí, *¡pero al cabo de un mes...!*

236. GLÓBULO ROJO

¿Cuál es el colmo de un glóbulo rojo?
¡Suspender el examen de circulación!

237. HALLOWEEN

¿Qué harías si te encontraras rodeado por una momia, una bruja y un vampiro?
¡Rezar para que sea una fiesta de Halloween!

238. JE, JE, JE...

En una entrevista de trabajo:
—Buenos días, señor, ¿cómo se llama?
El candidato, responde la mar de contento:
—¡Alberto! Je, je, je...
—¿Se puede saber por qué se ríe?
—Hombre, pues porque *¡he respondido correctamente la primera pregunta!*

239. ALTA TECNOLOGÍA

Un amigo se encuentra a otro con unas pilas en la mano y mirando un aparato de radio, indeciso.
—¿Qué te pasa? —le pregunta el primero.
Y el otro le explica:
—Verás, es que mi radio no funciona y aquí dice que tengo que alimentarla con pilas nuevas... *¡Pero no sé cómo hacérselas comer!*

240. ¡TENGO SUEÑO!

Un padre, al ver que su hijo no se duerme, le cuenta un cuento larguísimo. Pasado un buen rato, el niño exclama:
—Papá, por favor, ¿no podrías leer un poco más deprisa? *¡Tengo sueño y hace horas que intento dormir!*

241. HOCKEY

En pleno invierno, un equipo de osos está disputando un encuentro contra las liebres. En un momento dado, el entrenador de los osos llama a un reserva y le dice:

—¡Sustituirás al número 71! *Me temo que ha vuelto a entrar en letargo...*

242. ¡HOTEL LLUVIOSO!

Un turista frustrado le pregunta al recepcionista de su hotel:

—Pero ¿es que aquí siempre llueve?

—No, señor —le responde el otro—, *¡en invierno también nieva mucho!*

243. ¡UUUUFFFF!

Un joven va a una granja situada al borde de un acantilado para comprar un caballo. Tienen uno blanco y el propietario le propone que lo monte para probarlo.

—Se llama *Relámpago* —dice—. Es grande pero muy muy obediente. Para que se ponga en marcha tiene que susurrarle «Uuuufff»; para que se detenga, en cambio, ha de decirle «Paraaaa».

El joven sale con el caballo, primero prudentemente, al paso, después al trote, y luego al galope. En efecto, el caballo es muy obediente. Hace un día precioso, el paisaje es magnífico, y cuando lanza el caballo al galope parece como en una película. Pero en el último instante se da cuenta de que está llegando al borde del acantilado.

Entonces le grita al caballo:

—¡Paraaaa!

El caballo se detiene justo a tiempo, con los cascos casi al límite del precipicio.

El chico, ya más tranquilo, lanza un suspiro de alivio y dice:

—*¡Uuuuffff!*

244. HOLLYWOOD

Una amiga le dice a otra:
—Ah, las estrellas de Hollywood, qué maravilla. Lo tengo decidido: ¡voy a meterme en el cine!
Y la amiga le responde:
—Me parece muy bien, *¡pero no te olvides de sacar la entrada!*

245. IDEA FIJA

Un señor telefonea al médico muy preocupado y le dice:
—¡Doctor! ¡Estoy fatal! Estoy obsesionado con una idea: ¡creo que me he convertido en un ordenador!
El doctor se arma de paciencia y le responde:
—¡Tranquilícese, respire hondo y venga inmediatamente a mi consulta!
El señor guarda silencio un momento y al fin responde:
—¿Ir a su consulta? Hum... La verdad es que no puedo. *¡Mi cable de alimentación no es lo bastante largo!*

246. INMADUREZ

Una pera se cae del árbol y sus compañeras se burlan de ella.
Desde el suelo, la pera caída exclama:
—¿Qué es lo que os hace tanta gracia?, *¡inmaduras!*

247. INCOMPRENSIÓN

Una señora le dice a su médico con preocupación:
—¡Doctor, doctor, nadie me comprende!
Y el doctor, perplejo, le responde:
—*¡Lo siento, señora, no entiendo una palabra de lo que me está diciendo!*

248. IMPOSIBLE DE CONTENTAR

En el tranvía, en hora punta, un viajero le grita a otro:
—¡Eh, usted, ya se lo he repetido al menos tres veces, ¡haga el favor de no empujar de ese modo!
Y el otro le replica:
—¿Así que no quiere que empuje de ese modo? Primero he empujado con el hombro y ha protes-

tado, después he empujado con el codo y ha protestado de nuevo, y al final he empujado con la espalda y usted ha vuelto a protestar. ¡Pues entonces ya me dirá cómo tengo que empujar! *¡Hay que ver, nunca está contento!*

249. INDIFERENCIA E IGNORANCIA

Julio siempre saca insuficientes, pero un día llega a casa muy satisfecho y le explica a su madre:

—Hoy he sacado un suficiente... ¡en lengua!

—¡Muy bien! —lo felicita su madre—. Cuéntame cómo ha sido.

—La verdad es que no sé ni cómo lo he conseguido —confiesa el chaval—. El profesor me ha preguntado qué diferencia existe entre «ignorancia» e «indiferencia», y yo le he respondido: *«¡No lo sé, ni me interesa!»*.

250. DOCENTE

¿Cuál es el colmo de un docente?

¡No tener la menor clase!

251. PROFESOR DE DIBUJO

¿Cuál es el colmo de un profesor de dibujo técnico?
¡Mantener *a raya* a los alumnos!

252. PROFE DE LENGUA

¿Cuál es el colmo de un profesor de lengua?
¡Quedarse sin palabras!

253. PROFESOR DE... ¿MATEMÁTICAS?

En la parada del autobús, un señor le explica al que está a su lado:
—Verá, yo trabajo allí desde el año 1968, estamos en 2005, así que, si echamos cálculos..., 4 más 10 son 12...; no, entonces resulta que 6 menos 3 son 5...
Y empieza a contar trabajosamente con los dedos de la mano hasta que por fin exclama contento:
—Sí, sí, *¡hace exactamente 19 años que doy clases de matemáticas en esa escuela!*

254. LASAÑA PASADA

Una señora va al restaurante y pide lasaña. Después de probarla hace llamar al cocinero:

—¡Esta lasaña está malísima!

Y el cocinero le replica:

—Mire, señora, yo ya hacía lasañas antes de que usted naciese...

—¿Y qué pasa, que ha esperado hasta ahora para servirlas?

255. LIMPIEZA ANTIGUA

Unos niños están visitando un museo acompañados de su profesor y están observando una antigua armadura. Uno de los niños comenta sorprendido:

—¿Cómo se las apañarían en aquellos tiempos para meterla en la lavadora?

256. LENTITUD

Tras una larga espera en el restaurante, el cliente le dice al camarero:

—Disculpe, ¿es usted el camarero que me ha traído la carta?

—En efecto, señor...

—Caramba —comenta el otro con ironía—, pues con todo el tiempo que ha transcurrido, *¡no ha envejecido usted en absoluto...!*

257. OBRAS EN CURSO

Una tortuga se cruza con otra que lleva un pequeño andamio sobre el caparazón, y le pregunta, llevada por la curiosidad:

—Perdona, ¿por qué llevas todo eso encima?

—*¡Es que estoy reformando la casa!*

258. LEOPARDO

¿Qué es un leopardo?

¡Un gato con sarampión!

259. EN CORREOS

Dos caracoles se dirigen a Correos para mandar una carta urgente. Cuando ya casi están llegando, ven salir a una tortuga de la estafeta.
Uno de los caracoles gimotea con cara de preocupación:
—Hemos llegado demasiado tarde: *¡el servicio de correo urgente ya ha salido!*

260. LIBERTAD... DE SOÑAR

Luis le cuenta a su amigo Fernando:
—¿Sabes?, a veces sueño que me convierto en un gran escritor, como mi padre.
—Ah, ¿entonces tu padre es un gran escritor?
—*¡No, pero sueña con serlo!*

261. LIBRO DE NOMBRES

El marido y la esposa esperan emocionados el nacimiento de su primer hijo.
Para decidir qué nombre le pondrán, el futuro papá le lee el *Libro de los nombres* a la futura mamá. Los lee todos, por orden alfabético, uno tras otro, pero la mamá siempre les encuentra alguna pega y no le gusta ninguno.
Cuando llega al final del libro, el marido le dice:
—Pues solo queda uno por considerar: *¡«Índice»!*

262. NIÑA PRODIGIO

Una señora va a visitar a una amiga que tiene una niña de siete meses muy espabilada. Cuando llega a la casa, encuentra al bebé hojeando un gran libro ilustrado.
La señora se queda muy sorprendida, pero la mamá, en cambio, le resta importancia:
—La verdad es que como aún no habla, *¡no sabemos si ya sabe leer o si solo mira los dibujos...!*

263. MANCHAS SOLARES

Dos personas charlan en el supermercado.
—¿Has visto en la tele lo de las manchas solares? —le dice una a la otra.
—¡Sí, qué fuerte! *¡Esta vez sí que van a tener que inventar un buen detergente!*

264. MAYORDOMO EDUCADO

—El viejo Gustavo es un mayordomo excepcional —le comenta una señora a su amiga—. *¡Imagínate, siempre llama antes de abrir un armario!*

265. MEMORIA DE HIERRO

Dos amigos van charlando por la calle y uno le dice al otro:
—¿Sabes?, yo poseo una memoria excepcional. ¡Todo lo que me entra en la cabeza se queda allí y ya no lo olvido!
El otro aprovecha la ocasión y le dice:
—Muy bien, pues entonces sin duda te acordarás de aquellos zapatos que te dejé el año pasado...
—Bueno, *¡esos me entraron por los pies, no por la cabeza...!*

266. MIMO

¿Cuál es el colmo de un mimo?
¡Tener que trabajar de locutor en la radio!

267. MINIAPARTAMENTO

Adriana le cuenta a una amiga:
—Me gustaría cambiarme de casa.
—¿Y eso por qué? —le pregunta la amiga—. ¡Si tu miniapartamento es una monada!
—Ya, *¡pero es tan pequeño que cuando me pongo pestañas postizas rayo todos los muebles!*

268. MOMIA

Un arqueólogo experto en jeroglíficos egipcios encuentra una momia.

La lleva a un museo y le dice al director:

—Le traigo una momia de tres mil años de antigüedad, pertenece a un hombre con problemas en los dientes que murió de un infarto.

—Muy bien —le responde perplejo el director—. Procederemos a examinarla.

Al cabo de un mes, el director, alucinado, llama al arqueólogo.

—¡Mi enhorabuena! ¡En efecto, la momia tenía tres mil años de antigüedad, presentaba problemas en los dientes, y gracias a las más avanzadas pruebas del momento, hemos podido comprobar que murió de un infarto! ¿Cómo lo supo usted?

El otro sonríe y le responde:

—Lo supe al momento: *¡en una de las manos aún tenía la factura del dentista...!*

269. BESUGO

¿Cuál es el colmo de un besugo?

¡Que sus amigos le llamen merluzo!

270. NIEBLA

Un señor de Bilbao sale de su casa a las seis de la mañana para ir a trabajar.
Es una gris mañana de noviembre... ¡y hay una niebla espesísima!
Ya en la calle, se cruza con otro señor y lo saluda:
—Hombre, amigo Julián, vaya niebla tenemos esta mañana, ¿eh? ¡Esto sí que es niebla!
Y el otro le responde:
—Ya lo creo... *¡como que no soy Julián!*

271. *NO PROBLEM!*

Una mamá regaña a su hijo, que está estudiando piano en casa:
—¡No se te ocurra tocar el piano con esas manos tan sucias!
—*¡No problem, mamá, tocaré solo las notas negras!*

272. NOVENO PISO

Dos transportistas deben entregar un pesado sofá en un edificio sin ascensor. Empiezan a subir la escalera.

—¡Menudo cansancio! —dice uno de ellos entre jadeos cuando están en el segundo piso—. ¿Adónde has dicho que va?

—Al noveno.

—¿Estás seguro?

—¡Sí!

Remprenden la subida fatigosamente. Cuando llegan al octavo, uno le dice al otro:

—Adelántate al piso de arriba y llama al timbre.

Cuando el otro vuelve a bajar, le dice al primero:

—Tengo una noticia buena y otra mala...

—Explícate...

—La noticia buena es que el piso es correcto...

—¿Y la mala?

—Hum... *¡¡¡que nos hemos equivocado de escalera!!!*

273. NOTAS... ¿MUSICALES?

¿Qué hace un profesor de música cuando sus alumnos no se portan bien o no hacen los deberes? *¡Escribe un montón de notas para los padres!*

274. NOCTURNO

Un amigo le pregunta a otro:
—¿Conoces el *Nocturno* de Chopin?
—La verdad es que no, *¡todos los días me acuesto muy temprano!*

275. MATRÍCULA

—¡Me han robado el coche! —grita un chico en la calle.
—No se preocupe —lo tranquiliza una rata boba que ha sido testigo del robo—, *¡he anotado el número de la matrícula!*

276. NÚMERO DE TELÉFONO

Dos ratas bobas se encuentran por la calle, y una le dice a la otra:
—Tengo que hablar con Carlos, pero no tengo su teléfono.
Y la otra, le dice con voz de sabelotodo:
—Pues eso tiene fácil solución: *¡lo telefoneas y que te lo dé!*

277. TORTUGA

¿Cuál es el colmo de una tortuga?
¡Tener que reducir la velocidad en una curva!

278. ¡MENUDO CHOLLO!

El sonido del timbre interrumpe la siesta del señor Cifuentes.
El hombre abre la puerta. Es un vendedor que le propone la compra de un libro titulado *Cómo doblar tus ingresos en un mes*.
El señor Cifuentes, que ya se imagina siendo rico en pocos meses, compra el libro sin pensarlo. Cuando vuelve al salón, se sienta en la butaca, lo desenvuelve y lo abre, pensando en todo lo que podrá hacer con tanto dinero. En el interior del libro solo hay escritas estas dos frases: *«¿Te imaginas? Sería la bomba, ¿eh?»*.

279. OFERTA DE TRABAJO

En la puerta de una empresa hay un cartel donde pone: SE BUSCA EMPLEADO/A. IGUALDAD DE OPORTUNIDADES.

Un perro que pasa por allí lee el cartel, entra y solicita el puesto. Pero el director le responde:

—La verdad es que no creo que un perro sea el candidato idóneo para este puesto.

El perro insiste:

—¡Pero en el cartel pone que no se discriminará a nadie!

Así que el director lo acaba poniendo a prueba y le hace escribir un informe a máquina.

El perro realiza la prueba con gran rapidez y entrega la hoja sin un solo error.

Pero el director sigue sin verlo claro.

—El candidato que buscamos debe tener amplios conocimientos de informática.

Al cabo de una hora, el perro le presenta al director un nuevo programa de vídeo-escritura que funciona estupendamente.

El director, que ya no sabe qué hacer, le dice:

—¡Verá, es que necesito a alguien que sea bilingüe!

El perro se lo queda mirando y responde:

—*¡Miauuu!*

280. LA HORA EXACTA

Un bobalicón detiene a un transeúnte que pasa por la calle y le pregunta la hora.
—¡Las cuatro en punto! —le responde cortésmente el otro.
Y el bobalicón se aleja murmurando:
—¡La gente de esta ciudad no se aclara! *¡¡¡Llevo todo el día preguntándoles la hora y cada uno me da una respuesta distinta!!!*

281. PESCADO DE CONFIANZA

En el restaurante de un hotel, un huésped pide dorada para cenar.
El camarero se la sirve y comenta:
—Puede usted comerla con toda confianza: *¡hace dos años que la tenemos y nunca nos ha dado un solo problema!*

282. OVEJAS EN REMOJO

Unas ovejas están pastando cerca del establo y de pronto empieza a diluviar.
Una de ellas ordena a las demás:
—Rápido, pongámonos todas a cubierto, *¡que la lana se encoge si se moja!*

283. TAPÓN

¿Cuál es el colmo de un tapón?
—*¡Quedar atrapado en un embotellamiento de tráfico!*

284. PLUMA

La señora Antonia entra en una papelería para comprarle un regalo a su marido.
—¿Tiene una pluma que escriba bajo el agua? —le pregunta al dependiente.
—Desde luego, señora —responde el chico con una sonrisa—, *¡todas nuestras plumas pueden escribir «bajo el agua»... y cualquier otra palabra que usted quiera!*

285. MODESTÍSIMA

La pequeña Clara le confiesa a una amiga:
—¿Sabes? Yo antes era muy envidiosa, pero dejé de serlo el día que comprendí que era... *¡perfecta!*

286. BUENA PESCA

Un chaval se encuentra a un amigo por la calle y este le pregunta qué tal le ha ido la pesca.
—Ha sido una pasada, un día increíble —le cuenta—. ¡A mediodía solo había pescado un zapato viejo! Pero tuve suerte, y por la tarde la cosa mejoró...
—¿Pescaste muchos peces?
—Qué va —responde el pescador—: *¡Pesqué el otro zapato!*

287. ¿PLATO U ORINAL?

—¿Sabes la diferencia entre un plato y un orinal? —le pregunta el pequeño Luis a un amigo.
—No...
—*¡Pues entonces no pienso quedarme a comer en tu casa jamás!*

288. TREN Y BICI

David se despierta una mañana la mar de feliz.
—¿Por qué estás tan contento? —le pregunta su padre.
—¡Porque he soñado que por mi cumpleaños tú me regalabas una bicicleta y mamá un tren eléctrico!
Entonces su padre le dice:
—David, ten en cuenta que casi siempre suele suceder lo contrario de lo que se sueña.
—*¡No pasa nada papá: tú me regalas el tren eléctrico y mamá... que me regale la bici!*

289. PIZZERO

¿Cuál es el colmo de un pizzero?
¡Que su esposa se llame Margarita, que su hija sea una caprichosa y que odie Las cuatro estaciones *de Vivaldi!*

290. CUADRÚPEDOS

La profesora pregunta en clase:
—Lucía, ¿sabrías decirme el nombre de tres cuadrúpedos?
—Claro, señorita —responde la niña con gran seguridad—: Un perro, un gato y... *¡dos gallinas!*

291. METEOROLOGÍA

Un padre lleva a su hijo a su primer concierto, y le explica:
—¿Ves a aquel señor con la batuta en la mano? Es el que indica el tiempo.
—¿Ah, sí? *¿Y qué tiempo dice que hará mañana?*

292. REPARTO EQUITATIVO

En clase, la profesora le plantea un problema a Mateo:
—Una mamá tiene 6 hijos y 9 manzanas. Quiere que cada hijo tenga la misma cantidad de manzanas. ¿Qué tendrá que hacer?
Y después de estar un ratito pensando, el niño responde al fin:
—*¡Una tarta de manzana!*

293. CUATRO VECES

Dos amigos acaban de salir del cine y uno le comenta al otro:
—Es la cuarta vez que veo esta película, y te aseguro que esta noche *¡los actores han estado mucho más inspirados que otros días!*

294. DESPERTADOR CAMPESTRE

Un campesino le pregunta a otro:
—Perdona, pero ¿por qué le has retorcido cuatro veces la cresta al gallo?
—*¡Le he dado cuerda para que mañana cante a las cuatro!*

295. ESTO, AQUELLO...

Emma, mientras regresa de la escuela, se queja a su madre:
—¡No pienso volver más a clase, esta profesora no sabe nada de nada!
—Pero ¿cómo puedes decir estas cosas?
—Te lo digo en serio, mamá, *¡hoy se ha pasado todo el día preguntando esto y aquello...!*

296. ¡TONELADAS!

Lucas y dos amigos hablan de sus respectivos padres.

—¡Mi papá —presume el primero— es el hombre más fuerte del mundo, puede levantar cien kilos!

—Pues mi papá es más fuerte todavía —dice el segundo—. ¡Es capaz de levantar doscientos kilos!

Y finalmente Lucas zanja la cuestión:

—Pues mi papá aún es más fuerte: ¡puede levantar diez toneladas!

—Uf, eso es imposible... ¿Cómo lo hace?

—Trabaja en una cantera... *¡de gruista!*

297. EN LA PASTELERÍA

Un señor entra en una famosa pastelería del centro de la ciudad y le dice muy educadamente a la dependienta:

—Disculpe, señorita..., quisiera un *quirzitis* de los grandes con mucha menta.

Y la mujer, tras oír la extravagante petición, le responde:

—Un *quirzitis... ¿con qué?*

298. PERAS Y MANZANAS

Un ingeniero agrónomo muy presuntuoso le dice a un campesino que está cuidando de su árbol:
—Tiene usted unos métodos demasiado anticuados... ¡este árbol no le dará ni una sola manzana!
Y el campesino le responde:
—Estoy totalmente de acuerdo con usted, porque... *¡es un peral!*

299. COSIDO LITERARIO

En la sección de anuncios cortos de un periódico aparece publicado el siguiente:
«Novelista de éxito busca costurera *¡para hilar una trama!*».

300. REGALO APARENTE

Una chica entra en una tienda de objetos de regalo y le dice a la dependienta:
—Quiero un regalo de cinco euros, *¡pero que parezca que me ha costado cincuenta!*

301. CUESTIONES BOTÁNICAS

En clase, un profesor le pregunta a un alumno:
—¿Cómo distinguirías un cerezo de un peral?
—¡Por los frutos! —responde inmediatamente el chico.
—¿Y si los árboles no tienen frutos?
—Pues en ese caso, *no habrá más remedio que esperar a que salgan...*

302. ABASTECIMIENTO

El señor Bobales está de vacaciones con su señora en su caravana. Se detiene a repostar en una gasolinera, y el empleado le pregunta:
—¿Quiere que mire cómo está de aceite?
Y entonces la esposa se asoma por la ventanilla y le dice sonriente:
—No, gracias, de aceite estamos bien. *¡Lo que se nos ha acabado es el vinagre!*

303. REEMPLAZO

Un automovilista llama a la puerta de una granja. El granjero le abre la puerta.
—Lo siento mucho, acabo de atropellar a su gato, ha salido de pronto y no he podido evitarlo. ¡Pero estoy dispuesto a reemplazarlo!
Y el granjero le responde:
—Ah, muy bien, pues ya puede ir subiendo la escalera: *¡¡¡hay un ratón en el desván!!!*

304. REPETICIÓN

Juanito Simplón está viendo la tele con su amigo Venancio.
—Estos dibujos animados son buenísimos —dice el primero.
—Sí que es verdad —asiente el segundo—. ¡En el periódico ponía que han tenido tanto éxito que repetirán la temporada!
—Ah —replica Juanito rascándose la cabeza—, entonces eso quiere decir que el profesor estuvo muy contento conmigo el año pasado.
—¿Por qué? —pregunta Venancio.
—*¡Porque me hizo repetir curso!*

305. AHORRO

Un chico le dice a su amigo:
—¿Qué tienes que decir de todos esos rumores que apuntan a que eres un avaro de los gordos?
Y el otro responde cortante:
—*¡Pues que eso también podrían habérselo ahorrado...!*

306. NOVELAS DE COLORES

—Tendré que ir al oculista —le comenta a su esposa un señor que está leyendo una novela en el salón de su casa—, *¡no soy capaz de distinguir si estoy leyendo una novela rosa o una novela negra!*

307. REENCUENTRO

—¡Camarero —reclama un señor que está comiendo en un famoso restaurante de lujo—, acabo de encontrarme un botón en el plato!
Y el camarero le responde:
—¡Oh, muchas gracias! *¡Hacía horas que lo estaba buscando...!*

308. ROBOT

¿Cuál es la sopa preferida del robot?
¡La sopa de pistones!

309. BATRACIOS

¿Cuál es el colmo de una rana?
¡Tener que tragarse un sapo!

310. ESCOCÉS

¿Cuál es la película preferida de un escocés?
¡Con faldas y a lo loco!

311. EN EL FÚTBOL

Un papá lleva a su hijo a ver un partido de fútbol, y cuando termina el encuentro le pregunta:
—¿Cuál ha sido tu momento preferido del partido?
Y el niño le responde:
—Cuando ha pasado por nuestro lado aquel señor vestido de blanco que gritaba: «*¡Heladooos!*».

312. JARABE Y ZANAHORIAS

En el periódico aparece la siguiente noticia:

«Han robado 1.000 frascos de jarabe para la tos y 200 kilos de zanahorias. La policía sospecha de... *¡una banda de conejos resfriados!*».

313. SELECCIÓN NATURAL

¿Por qué los gatos han aprendido a ver en la oscuridad?

¡Porque no llegan al interruptor de la luz!

314. SEMILLAS DE SALCHICHÓN

Un campesino invita a cenar a su casa a una rata boba y le ofrece un exquisito salchichón a la pimienta.
En un momento dado, el campesino observa que la rata coge los granos de pimienta y se los guarda en el bolsillo. Extrañado, le pregunta:
—¿Le ha gustado el salchichón? Si quiere, le puedo dar un poco para que se lo lleve a casa.
Y la rata le responde:
—*¡No, gracias, ya me llevo las semillas!*

315. JIRAFA

¿Cuál es el colmo de una jirafa?
¡Tener siempre la cabeza en las nubes!

316. SIN SALIDA

Un señor llega a un hotel, se instala en su habitación, y al momento llama muy alterado a recepción:

—¡Ya sé que le parecerá mentira, pero mi habitación no tiene salida!

—Eso es imposible, señor, mire usted bien...

—Ya lo he comprobado, hay tres puertas: la del baño, la del armario...

—¿Y la otra?

—La otra no lo sé, porque en el pomo hay colgado un cartel que pone: *¡No molestar!*

317. A TODA LLAMA

Dos palomas están en cabo Cañaveral contemplando cómo se eleva una lanzadera espacial, y una le comenta a otra:

—¡Caramba, menuda velocidad lleva!

Y la otra le responde:

—¡Tú también correrías si te saliesen llamas de la cola!

318. ESMALTE

Un ciempiés le dice a su esposa:
—Querida, tenemos que irnos, ¿estás lista?
—No —responde ella—, aún tengo para un buen rato. *¡Me estoy pintando las uñas de los pies...!*

319. LENGUADOS

Una señora telefonea al pescadero.
—Mañana tengo invitados a cenar. ¿Podría enviarme diez lenguados a casa lo antes que pueda?
—Eso está hecho —responde el pescadero—. ¿Estará usted en casa toda la mañana?
—No lo sé —le responde la señora—, pero si no estoy, *¡me los pasa por debajo de la puerta!*

320. METEDURA DE PATA

En un pequeño teatro, un mago hace subir a un niño al escenario.
—Para que nadie piense que hay truco —dice—, quiero que respondas a mi pregunta: ¿tú y yo nos habíamos visto antes de hoy?
Y el niño contesta sin dudar:
—*¡Nunca, papá!*

321. SUPERHÉROE

Un señor que vuelve de trabajar, desde la calle ve a Superman volando a la altura de la ventana de su casa.
Intrigado y también un poco inquieto, abre la puerta y llama a su mujer.
—Querida, ¿qué ha pasado?
—Nada —responde la esposa—, solo había que sacudir la alfombra.
—¿Y para eso hacía falta llamar a Superman?
—Desde luego —dice la esposa—. *¡Era una alfombra voladora!*

322. TABLAS

La profesora comprueba si Pablito se ha estudiado las tablas de multiplicar:
—¿Cuánto son tres por tres?
—Hummm... ¿ocho? —aventura Pablito.
—No, nueve —dice la profesora—. ¿Y cinco por cinco?
—¿Qui... quince? —dice Pablito por probar suerte.
—No, veinticinco —lo corrige la profesora.
—A ver, probemos con una fácil fácil: ¿uno por uno?
Y Pablito responde sin titubear:
—*¡No hace mal a ninguno!*

323. ¡CORTE DE PELO CREATIVO!

Un señor va al peluquero y le dice:
—Quiero que me lo corte un poco al bies, que me deje dos mechones más bien largos a la derecha y me haga la raya en zigzag...
Y el peluquero exclama escandalizado:
—¡Pero eso no es un corte de pelo!
—¿Ah, no? —le replica el cliente—, *¡pues fue lo que me hizo la última vez!*

324. TARZÁN EN LA UNIVERSIDAD

Tarzán ha decidido completar su educación y por eso se traslada a la ciudad y entra en la universidad. El empleado lo ayuda a rellenar el formulario de inscripción:

—En primer lugar, firme aquí y aquí. Y a continuación dígame qué rama quiere escoger.

—¿Rama? —pregunta Tarzán decepcionado—. *¿No podría tener un pupitre como el resto de estudiantes?*

325. TEATRO

Dos ratones están en la puerta de un teatro y uno le dice al otro:

—¿Qué hacemos, entramos?

—¡Yo no entro ahí ni loco!

—¿Y eso por qué?

—¡Porque ahí dentro solo hay *cuatro gatos*!

326. TECNOLOGÍA COTIDIANA

—Hoy en día los ordenadores están en todas partes —le comenta un chico a su amigo—. Imagínate: ayer, por ejemplo, fui a un restaurante, y cuando pregunté dónde estaban los servicios, *¡me dijeron que en la puerta del wwww.c!*

327. VACA

¿Cuál es el colmo de una vaca?
¡Tener la fiebre del heno!

328. TELÉFONO

Suena el teléfono. La señora de la casa se apresura a responder:
—¿Dígame?
Al otro lado del hilo, una voz femenina le dice:
—¡Mónica! ¿Qué te pasa? ¡Tienes la voz cambiada!
—¡Pero... si yo no me llamo Mónica!
—Vaya... *¡no me digas que también te has cambiado el nombre!*

329. TELEVISIÓN

La pequeña Clara está viendo la tele con su hermanito, y de pronto hace esta profunda reflexión:
—¿Te imaginas...? Si hace un siglo no hubieran inventado la electricidad, ahora *¡aún estaríamos viendo la televisión con velas...!*

330. UN TONTO EN LOS SERVICIOS

Un señor bastante bobo quiere entrar con urgencia en un lavabo público, y al encontrarlo cerrado exclama:
—¡Si hay alguien dentro, que diga «sí», si no hay nadie..., *que diga «no»*!

331. GLÓBULO ROJO

¿Cuál es el colmo de un glóbulo rojo?
¡Desaparecer de la circulación!

332. TIEMPO Y METEOROLOGÍA

Una rata boba llega a la estación ferroviaria de una gran ciudad.

Tiene que coger un taxi por primera vez en su vida, y para evitar sorpresas desagradables, antes de subirse pregunta cuánto le costará.

—Eso depende del tiempo —le responde el taxista.

Entonces la rata alza la mirada, examina el cielo y dice:

—Está bastante nublado, pero no creo que llueva...

333. TOTAL

Un niño se dispone a enseñarle las notas a su padre, pero antes le dice:

—Papá, este mes me ha ido muy bien: ¡he sacado un 13! *Me han puesto un 5 en lengua, un 5 en matemáticas, y un 3 en dibujo...*

334. EFECTO ADELGAZANTE

Una señora se está probando un vestido en una tienda de ropa.

—¡Oh! —exclama la mar de contenta—, cuando me miro en este espejo con este vestido, me veo más delgada.

—Muy bien —repone la dependienta satisfecha—. Entonces ¿se queda el vestido?

—¡No! —responde la mujer—. *¡Lo que quiero es el espejo!*

335. TERMÓMETRO

Fede le dice a su padre:

—¡Papá, papá, el termómetro ha bajado mucho!

—¿Ah, sí? ¿Cuánto?

—Hum, unos diez metros... *¡Se me ha caído del balcón!*

336. EMPLEADO DE GASOLINERA

¿Cuál es el colmo de un empleado de gasolinera? *¡Tener una mujer súper!*

337. TIRANOSAURIO

¿Por qué el tiranosaurio es el último animal que salía a cazar?

¡Porqué perdía un montón de tiempo lavándose los dientes!

338. ¡A LA CARRERA!

Un tipo entra en una farmacia y le pide al farmacéutico:

—¡Por favor, deme algo que me haga sudar!

El farmacéutico no se lo piensa dos veces; saca dos pesadas bolsas de la compra que tenía debajo del mostrador, se las entrega y le dice:

—*¡Aquí tiene, entréguelas en el número 16 de la calle Mayor, quinto piso, sin ascensor, y suba la escalera corriendo!*

339. CERCEDILLA

La profesora pregunta la lección de geografía:

—Pablo, ¿dónde se encuentra Cercedilla?

—*¡En la página 84, señorita!*

340. UNIDADES DE MEDIDA

En clase:
—¿Alguien sabría decirme si es más largo el Misisipí o el Ebro?
—¡Es más largo el Misisipí!
—¡Muy bien! ¿Cuánto más?
—*¡Cuatro letras!*

341. HUEVOS

Dos huevos se encuentran dentro de una sartén. Al cabo de un ratito, el primer huevo le dice al otro:
—¡Caramba, qué calor hace aquí hoy!
Y el segundo se vuelve y grita:
—*¡Socorro, un huevo que habla!*

342. URGENCIA

Un coche de policía ve cómo otro automóvil se pasa un semáforo en rojo; el agente lo para y le dice al conductor después de multarlo:
—Ahora me seguirá hasta la central, donde le espera una buena bronca. ¡Y aún está de suerte porque esta mañana se casa la hija del jefe de policía!
—Yo no estaría tan seguro de ello —responde el chico con cara de preocupación—. *¡¡¡Yo soy el novio!!!*

343. ¡HURRA!

Dos amigos apasionados de la equitación hablan de sus respectivos caballos.
—Mi caballo está tan bien entrenado que cada vez que digo «Hop... hop», da unos saltos impresionantes.
—Bah, eso no es nada: el mío, cada vez que le digo «Hip... hip», me responde «*¡Hurra!*».

344. DISTRACCIÓN

¿Cuál es el colmo de un distraído?
¡Dormirse y olvidarse de cerrar los ojos!

345. VIEJO

Un niño entra en una juguetería y compra un cochecito de juguete.
Cuando va a pagar a la caja, saca de su mochila otro cochecito bastante estropeado y le pregunta al cajero:
—*¿Podrían hacerse cargo de mi automóvil viejo?*

346. VACACIONES

Dos amigos hablan de las vacaciones.
—¿Adónde irás de vacaciones este verano?
—Yo navegaré.
—Qué bien, ¿y adónde irás de crucero?
—A casa: *¡navegaré por internet!*

347. PRESUNCIÓN

Un tipo bastante bobo se jacta delante de sus amigos:

—No lo digo por presumir, pero ayer salí en todos los periódicos...

Sus amigos le preguntan sorprendidos:

—¿Ah, sí? ¿Y cómo es eso?

—Veréis, el titular decía: «El presidente de la República habla a la multitud. La multitud lo aplaude»... Pues bien, chicos, modestia aparte, *¡¡¡yo estaba entre la multitud!!!*

348. FLORERO

Clara le dice a su mamá:

—Querida, queridísima mamaíta, ¿sabes qué te regalaré por tu cumpleaños? ¡Un bonito florero!

La mamá le responde emocionada:

—Gracias, Clara, es una idea muy buena, pero yo ya tengo un florero.

—Hum, mamaíta..., lo tenías... *¡te lo acabo de romper!*

349. VEINTIDÓS AÑOS

Un payaso entra en el despacho del director del circo para reclamarle un aumento de sueldo.
—Piense que llevo veintidós años trabajando en este circo...
—¡Cierto! *¡Y es la primera vez que ha logrado hacerme reír!*

350. VELOCISTA

¿Cuál es el animal más veloz del mundo?
El piojo, porque ¡siempre está en cabeza!

351. VENUS

Un reportero entrevista a un astronauta que acaba de regresar de Venus.
—¿Hay vida allí arriba?
—*¡Bah, solo los sábados por la noche!*

352. RECIÉN PINTADO

El guarda de un parque se acerca a un tipo que se ha sentado en un banco donde había un cartel que ponía: ATENCIÓN, LA PINTURA ESTÁ FRESCA.

—Pero, hombre, ¿es que no ha leído el cartel?

—Sí, lo que pasa es que *¡llevo unos pantalones de lana y tengo mucho calor!*

353. PROXIMIDAD FASTIDIOSA

En clase, la profesora le pregunta a David:

—Dime, ¿cuál es el animal que más se acerca al hombre?

Y el niño responde sin titubear:

—*¡El mosquito!*

354. FIESTA ABURRIDA

Cuando regresan de la fiesta de cumpleaños de un amiguito, el pequeño Lucas le confiesa a su madre:

—Ha sido un verdadero aburrimiento. *¡Nadie ha querido jugar a tirarse la tarta a la cara!*

355. DOCUMENTALISTA

¿Cuál es el colmo de un documentalista de naturaleza?
¡Tener que filmar un caracol a cámara lenta!

356. ¡¿VENCEDOR?!

Una pareja de ancianos visitan un museo y se quedan asombrados ante una estatua griega sin brazos y solo con media cara. Al pie de la estatua hay un cartelito con el título: EL VENCEDOR.
El señor comenta:
—¿El vencedor? ¡Pero si está hecho polvo!
Y la señora añade:
—*¡Pues imagínate cómo habrá quedado el vencido!*

357. DEBERES

A la salida de clase, un chico le pregunta a su compañero:
—¿Puedo ir a estudiar a tu casa?
Y el otro le responde:
—No te lo aconsejo: *¡tenemos la tele estropeada!*

358. ZORROS

Dos zorros llevan más de media hora ante la madriguera de un topo.
Uno le dice al otro:
—¡Nunca atraparás a ese topo, es muy astuto y no saldrá!
Y el segundo zorro, en lugar de responder, empieza a emitir unos grititos que hacen salir enseguida al topo...
—Amigo mío —le dice—, hoy en día, *¡si no sabes al menos dos idiomas, te mueres de hambre...!*

359. PUNTOS CARDINALES

Durante una excursión a la montaña, el profesor trata de enseñarles los puntos cardinales a sus alumnos.
—A ver, Toni... Delante de ti está el oeste, a tu derecha tienes el norte y a tu izquierda el sur. ¿Qué tienes a tu espalda?
—Muy fácil, señor profesor: *¡la mochila!*

360. MOSQUITO *SUPERSTAR*

¿Por qué los mosquitos van por la vida de superestrellas?
¡Porque cuando pasan todo el mundo los aplaude!

361. CEBRA

¿Por qué las cebras son las primeras de toda la sabana en irse a la cama?
¡Porque ya llevan el pijama puesto!

362. TERRONES DE AZÚCAR

Un terrón de azúcar le pide una cita a otro terrón:
—¿Dónde podríamos vernos? —le dice.
Y el otro le propone:
—¿Qué tal si quedamos... *en un café*?

363. EXTRAVIADO

El director de un refugio de animales se lamenta:
—El loro no está en su jaula, ¿cómo es eso? ¿Se habrá extraviado?
Un joven ayudante que está por allí cerca le responde inocentemente:
—La verdad es que no sabría decirle..., pero hace cinco minutos me ha parecido que *¡el gato de la jaula de al lado hablaba...!*

364. CALABACINES

Una señora le cuenta a su amiga:
—Ayer fui al huerto a coger unos calabacines y me encontré a mi marido tirado en el suelo: había tropezado y se cayó encima de los calabacines.
—¡Pobrecillo! ¿Y tú qué hiciste?
—Bah, en lugar de calabacines *¡guisé unas patatas!*

365. SOPA FUERTECITA

Dos amigos cenan en un restaurante y se cuentan sus aventuras estivales.
Uno le dice al otro:
—¿Sabes?, tu historia es tan emocionante que he contenido la respiración mientras la explicabas...
Y el amigo le responde con una sonrisita irónica:
—Pues menos mal... *¡porque acabas de comerte una sopa de ajo!*

366. COMO MÍNIMO...

Tres ratas bobas están en el aeropuerto viendo los aviones.
—¡Ese avión parece rápido! —comenta la primera—. ¿Diríais que alcanza los doscientos kilómetros por hora?
—Yo creo que al menos llega a los cuatrocientos —disiente la segunda.
—No, como mínimo debe de ir a ochocientos —afirma la tercera.
Y entonces la primera dice en tono burlón:
—¿Y qué más? *¡Solo falta que digas que vuela!*

367. MIEDO

En la sala de espera de un dentista, un paciente observa a otro que está muy pálido.

—¿Qué, tiene miedo? —le pregunta comprensivo.

—¡Bastante! —responde el segundo.

—¿Es la primera vez?

—No, no... *¡ya he tenido miedo otras veces!*

368. DESDE LA VENTANA

En clase, la profesora dice el título de la próxima redacción para los deberes: «¿Qué veis desde la ventana?».

Al día siguiente, Luisito entrega una hoja en blanco.

—¿Por qué no has escrito nada?

Y el niño responde:

—*¡Es que las persianas de la ventana estaban bajadas!*

369. ANILLO DE COMPROMISO

Un hipopótamo se enamora de una elefanta, pero cuando la corteja ella no le corresponde. Pasan unos meses, y al fin, un buen día, el hipopótamo se despierta y descubre que ya no está enamorado. Entonces llama al periódico y encarga un anuncio por palabras:

—¿Qué quiere poner? —le pregunta el redactor.

—A ver... —dice el hipopótamo—. Vendo barato. Causa: matrimonio fallido. *Anillo de compromiso talla extragrande...*

370. ASTRONAUTA

¿Cuál es el colmo de un astronauta?

¡Tener problemas de espacio!

371. PICASSO

En un museo de arte moderno, un señor le pregunta al vigilante:

—Disculpe, ¿este cuadro es de Picasso?

Y el otro le responde muy convencido:

—*¡No, señor, es del museo!*

372. ¿POR DÓNDE?

Un dentista visita a un paciente que se queja de que mastica mal en la parte izquierda de la boca, y le pregunta:

—Usted, ¿por qué zona suele comer?

Y el paciente le responde:

—*¡Por la zona de la estación!*

373. AVISTAMIENTO DE BURROS

París. Un tipo va caminando por la acera y cuando alza la vista ve a unos burros volando alrededor de la torre Eiffel. Continúa mirándolos sin salir de su asombro hasta que al fin choca de cabeza con una farola. Un poco más tarde se encuentra a un amigo que, al ver el chichón que se ha hecho, le pregunta qué le ha pasado.

—Había... ¡unos burros volando alrededor de la torre Eiffel!

—¿Y qué? —responde su amigo—. *Eso será que tienen el nido ahí arriba, ¿no?*

374. PROBLEMAS DE ILUMINACIÓN

En clase de dibujo, la profesora le comenta a un alumno:
—Carlos, el dibujo te ha quedado un poco oscuro.
Y el niño, le contesta:
—*¡Pues encienda la luz!*

375. TRANSPORTE PÚBLICO

Un abuelo muy muy tacaño regaña a su nieto:
—¡Esta mañana te he visto corriendo detrás de un tranvía!
—Pero, abuelo... —balbucea desconcertado el nieto—, ¡tú también persigues tranvías para ahorrarte el dinero del billete!
—Sí —le contesta el abuelo—, pero tú eres mucho más joven y atlético que yo... *¡y habrías podido ahorrarte el triple como mínimo si hubieras corrido tras un taxi!*

376. ASTRONAUTAS EN EL RESTAURANTE

¿Cómo se sabe si hay un astronauta comiendo en un restaurante?
¡Porque siempre pide la cuenta... atrás!

377. FOTO DE RECUERDO

Cinco ratas bobas que detestan el agua posan encima del trampolín de la piscina para que les saquen una foto de recuerdo.
De pronto, este empieza a ceder por el peso y las cinco acaban colgadas de las manos, balanceándose sobre el agua.
El fotógrafo se da cuenta de que pesan demasiado y de que si una de las cinco no se suelta, todas caerán a la piscina.

Entonces, una de las ratas anuncia:
—¡Yo me tiraré al agua por el bien de las demás!
Y las otras cuatro ratas, emocionadas por aquel gesto, también se sueltan de manos... *¡para poder aplaudir!*

378. FÚTBOL PARA COMODONES

Dos amigos van a ver un partido de fútbol y uno de ellos, extrañado al darse cuenta de que todos los jugadores de uno de los equipos han salido al campo en pijama, le pregunta al otro:
—¿Tú sabes por qué van vestidos así?
Y el otro le responde:
—Está muy claro: *¡porque juegan en casa!*

379. PLANCHISTERÍA CASERA

Un chico va a buscar su coche y se encuentra con una abolladura en la puerta, pero no tiene dinero para llevarlo al planchista. Entonces decide probar el método del globo: sopla con mucha fuerza por el tubo de escape con la esperanza de que la presión del aire empuje hacia afuera la abolladura de la puerta.

En ese momento pasa por allí un amigo y le pregunta asombrado:

—Pero ¿qué estás haciendo?

—¿No lo ves? ¡Soplo por el tubo de escape para sacar la abolladura!

—¡Mira que llegas a ser bobo! —le dice el otro—. *¡¿Cómo quieres que funcione... con las ventanillas bajadas?!*

380. AGUIJONES

¿Cuál es el colmo de un apicultor?

¡Que su mujer le diga palabras punzantes!

381. CORRESPONDENCIA

Un chico se encuentra a un amigo junto a un buzón y le pregunta:
—¿Qué estás haciendo aquí?
—Estoy echado una carta al buzón —le responde.
—¿Y a quién se la has enviado?
—¡A mí mismo!
—¿Y qué has escrito?
—Yo qué sé: *¡aún no la he recibido!*

382. MISIÓN IMPOSIBLE

¿Cómo harías entrar a 1.200 avaros completamente vestidos en una bañera llena de agua hasta el borde?
¡Bastaría con echar una moneda dentro!

383. CAJA FUERTE

¿Cuál es el colmo de una caja fuerte?
¡Que en la tienda de lencería no tengan ninguna *combinación* de su talla!

384. DIFÍCIL DE CONTENTAR

Un ladrón es atrapado con las manos en la masa y conducido a los tribunales.
Ya en la sala, el juez lo reprende:
—Y mientras estaba robando, ¿no se le ocurrió pensar en su esposa?
—Claro que sí —responde el ladrón—, *¡pero no encontré nada de su gusto!*

385. LECHE DE COCO

—¡Me apetecería probar la leche de coco, me han dicho que es buenísima! —le comenta una rata boba a su amiga.
—¡Pues mira por donde, ayer vi que en el supermercado de la esquina tenían los cocos de oferta! Podrías aprovechar y llevarte unos cuantos a casa —le sugiere su amiga.
—¡Sí, claro! —le replica la rata—. *¿Y cómo me las ingenio para ordeñarlos?*

386. MUNDO AL REVÉS

Una nave con una tripulación formada por un astronauta y un burro está de misión por el espacio. La Tierra comunica con la nave por radio:
—¡Tierra llamando a nave espacial! ¡Tierra llamando a nave espacial!
El burro pulsa un botón y responde:
—¡I-hoo!
—¿Estabilizaste el timón tal como estaba previsto?
—¡I-hoo! —responde el burro.
—¿Has posicionado los retrocohetes para la aproximación al satélite averiado?
—¡I-hoo!
—¡Muy bien, y ahora pásame al astronauta!
—¡I-hoo!
El astronauta se acerca al micrófono.
—¡Aquí estoy, Tierra!
—¿Hoy ya le has dado de comer al burro?
—¡Afirmativo! —responde el astronauta.
—¡Perfecto! Volveremos a comunicar mañana. *¡Y sobre todo no toques nada, ¿entendido?!*

387. SEMILLAS DE LIMÓN

Una rata boba pasea por el mercado y se topa con un hortelano que corta limones, extrae las semillas, las pone aparte y tira todo lo demás.

—¿Qué está haciendo? —pregunta intrigada la rata.

—Recupero las semillas de limón —responde el hortelano—. ¡Todo el mundo sabe que si aprietas unas semillas de limón con el puño, te vuelves más inteligente!

—Vaya, vaya... —dice la rata muy interesada—. Me gustaría probarlo. ¿Cuánto valen?

—¡Diez euros cada una! —responde el hortelano.

La rata compra cinco, las aprieta con el puño y exclama:

—¡Lo cierto es que con cincuenta euros me hubiera podido comprar varias cajas de limones! Y si cuento la cantidad de semillas que hay en cada limón...

—¿Lo ve? —la interrumpe el hortelano—. ¡Las semillas ya empiezan a funcionar! ¡Se ha vuelto mucho más inteligente que antes!

—¡Por mil mozzarellas, tiene razón! —exclama la rata entusiasmada—. *¡Rápido, deme cinco semillas más!*

388. RELOJ DE CUCO

Un señor bastante simplón va por la calle la mar de contento con un reloj de cuco. Un amigo lo ve y le dice:

—¡Caray, qué reloj tan bonito!

—Sí —le responde el otro—, pero lo peor no fue encontrar un reloj de cuco en tan buen estado y tan bien de precio... *¡sino tener que cargar con todos los sacos de comida para el pajarito!*

389. LORO

¿Cuál es el colmo de un loro?

¡Que le salga un hijo repetidor!

390. DIFERENCIAS

Dos ratas bobas ganan dos bicicletas en un sorteo, pero no saben cómo distinguirlas. Entonces una de ellas tiene una idea genial:

—¡Si a una le quitamos el timbre, habremos resuelto el problema!

Y así lo hacen, pero... ¡se lo sacan a las dos bicicletas!

La segunda rata dice entonces:

—¿Por qué no le quitamos los pedales?

Dicho y hecho, pero ahora ninguna de las dos tiene pedales.

—Ufff —comenta la primera—. Solo nos queda quitar el sillín...

Ambas se ponen a desatornillar como locas, y en eso que pasa un chico por allí y les pregunta:

—¿Qué estáis haciendo?

—Quitamos el sillín, y así por fin podremos distinguir una bicicleta de la otra.

—¡Genial! —murmura el niño—. *¡Pero ¿no sería más fácil que una se quedara la bicicleta azul y la otra la roja?!*

391. APAGÓN

—¡Disculpa el retraso —le dice un chico a su amigo—, pero es que estaba en un centro comercial, ha habido un apagón y me he quedado atrapado!
—¿Estabas en el ascensor?
—No, no... *¡en las escaleras mecánicas!*

392. SABORES

Un joven va a una heladería y le pregunta al heladero:
—¿Qué sabores tiene?
—¡Nata y nueces! —responde el heladero con un hilo de voz, totalmente afónico.
—¡Huy! —exclama el joven—. ¿Tiene laringitis?
—*¡No, solo nata y nueces, acabo de decírtelo!*

393. LUNA PÁLIDA

¿Por qué la luna está tan pálida?
¡Porque ha estado levantada toda la noche!

394. DIETA

Dos señoras están desayunando en un bar, y una le dice a la otra:
—Estoy siguiendo una nueva dieta a base de queso gruyer.
—¿Estás segura de que el queso no engorda? —le pregunta la amiga.
—Sí, pero ten en cuenta que yo *¡solo me como los agujeros!*

395. ASPIRADORA

Un vendedor de aspiradoras llega a un pueblecito perdido en medio de las montañas. Llama a la primera casa del pueblo, y apenas abre la puerta el musculoso propietario, sin mediar palabra, esparce un saco entero de serrín por el suelo.
—¡Si mi aspiradora no aspira todo este serrín en tres minutos —exclama el vendedor—, yo lo recogeré del suelo con la lengua!
—Pues espero que lleve consigo un buen digestivo —le dice el montañés, sonriendo y tensando los músculos.
—Entonces ¿no tiene confianza en este maravilloso electrodoméstico?
—*¡Lo que no tengo es electricidad!*

396. LLAVES INGLESAS

Un niño regresa de la escuela con un compañero y le comenta:
—Desde luego, las casas de Londres deben de tener unas cerraduras muy grandes... *¡Solo hay que ver cómo son... las llaves inglesas!*

397. EN LA COCINA

Una rata boba le pregunta a otra:
—¿Tu primo cómo es en la cocina?
Y la otra le responde:
—Alto y delgado, *¡como en todas las otras estancias de la casa!*

398. AL TELÉFONO

—Siempre te quejas de que me estoy una eternidad al teléfono, pero ¿no te has dado cuenta de que esta vez he colgado cuando solo habían pasado diez minutos? —le dice la mujer a su esposo.
—¡Así me gusta! —le responde el otro—. Por cierto, ¿quién ha llamado?
—Ah, no lo sé... *¡se han equivocado de número!*

399. ¿BASURA?

En la periferia de Ratonia, un camión de recogida de basuras municipal pasa lentamente por delante de una barraca.

—¿Basura? —pregunta uno de los empleados del servicio de limpieza.

Y desde dentro una rata le responde:

—*¡No, gracias, aún nos queda bastante! ¡Pruebe a pasar mañana!*

400. ¡SIN CENA!

—¡A mi Carlitos no hay manera de hacerlo comer! —le explica una amiga a otra.

—¿Y tú qué haces? ¿Lo castigas?

—¡Por supuesto! *¡Lo mando a la cama sin cenar!*

401. QUESOS DE BOLA

Una roedora le cuenta a su amiga:

—¿Sabías que mi hermano se quiere ir de casa? ¡Dice que me gusta demasiado el queso de bola y que ya no puede aguantar más!

—¡Pues sí que es bobo! —responde la otra—. ¡A mí me chifla el queso de bola!

—¡Estupendo! Pues entonces ven a casa, *¡que tengo siete armarios llenos!*

402. SUPERMEDICACIÓN

Había una rata boba que tomaba tantas medicinas, *¡que le bastaba con bostezar para curar a alguien!*

403. ANESTESIA

Un tipo va al dentista:

—Doctor, ¿cuánto cuesta extraer un diente? —pregunta.

—¡Doscientos euros con anestesia, cien sin!

—¡Pues que sean cien! —exclama el tipo la mar de contento.

—¡Enhorabuena, es usted un valiente! —lo felicita el dentista con admiración.

—¡Y a mí qué me cuenta! —responde el otro mientras marca un número en el móvil y se pone a hablar por teléfono:

—*¡Sí, querida, el dentista puede atenderte ahora y solo cobra cien euros! ¡Ven enseguida!*

404. INFORMÁTICA

Dos hermanitos observan cómo su abuelo está dando saltos de alegría delante de un ordenador, y uno pregunta:

—¿Qué le pasa hoy al abuelo?

Y el hermano mayor le responde:

—*¡Es la primera vez que consigue encender el ordenador sin la ayuda de nadie!*

405. PERRO EXTRAVIADO

Una rata boba está paseando por la calle y se encuentra a una amiga.
—He perdido mi perro y no sé qué hacer... —dice la primera.
—¿Por qué no pones un anuncio en el periódico? —le sugiere la otra.
—Ya lo había pensado, *¡pero es que mi perro no sabe leer...!*

406. CAMINA QUE CAMINARÁS...

Un chico le comenta con preocupación a un amigo:
—Mi primo, desde que tenía seis años, camina todos los días veinte kilómetros sin detenerse...
—¡Por mil mozzarellas, debe de estar hecho todo un atleta!
—Pues no lo sé, ahora tiene doce años y *¡no tenemos ni idea de adónde habrá llegado...!*

407. MAL HUMOR

Un periodista va a entrevistar a un anciano centenario pero lo encuentra de muy mal humor.
—¿Qué ha pasado? —le pregunta el periodista.
—¡Que mi padre me ha regañado! —confiesa el viejecito.
—¿Su padre? ¿Y cómo ha sido? —pregunta incrédulo el periodista.
—*¡Por meterme con el abuelo!*

408. BUENA PREDISPOSICIÓN

Un roedor se presenta a una entrevista de trabajo. De entrada, el director le explica:
—Quisiera una persona rápida, despierta y con muchas ganas de trabajar.
Y el candidato le responde:
—De acuerdo, si me contrata, *¡le echaré una mano para encontrarla!*

409. CERCADO

Estamos en pleno campo, en un prado lleno de vacas pastando. Unos operarios están instalando cables de alta tensión en unas torres. Una rata bastante boba pasa por allí con unas amigas, se detiene y se echa a reír de golpe, al igual que sus compañeras.

—¿Se puede saber de qué os estáis riendo? —preguntan los operarios.

—Veréis —responde la primera—, *¡es que si hacéis el cercado eléctrico así de alto, se os escaparán todas las vacas!*

410. DVD

Dos avestruces se encuentran un DVD y uno de ellos lo engulle sin pestañear.

—¿Qué tal estaba? —pregunta el otro avestruz.

—*¡Bah, estaba mucho mejor el libro!*

411. MARINA

Un tipo se acerca a la taquilla de la estación de ferrocarril y pide un billete para Marina.
El empleado le pregunta:
—¿Marina de Arriba, Marina de Abajo, Marina de la Costa...?
El tipo se queda pensativo un momento, se da la vuelta y le pregunta a su mujer:
—Marina, ¿para dónde quieres el billete?

412. EM...JAR

Un señor va al médico y le explica su caso:
—Todas las noches sueño con una puerta que tiene un cartel bastante gastado. Y entonces empiezo a tirar de la puerta, y tiro, y tiro... ¡pero no se abre!
—¿Y qué pone en el cartel?
—Pues no lo sé... Está tan gastado que solo se lee EM y JAR...
—¿Y nunca ha probado a em-pu-jar la puerta?

413. EL EXTRANJERO

Una rata bobalicona le confiesa a su amiga:
—¿Sabes? ¡Estoy contentísima de no haber nacido en Alemania!
—¿Y eso por qué? —le pregunta la amiga.
—*¡Porque no entiendo una palabra de alemán!*

414. EL PEOR MOMENTO

Apenas han transcurrido unos días desde que el señor y la señora Pérez han regresado de sus vacaciones, y cuando suena el despertador, el soñoliento marido le pregunta a la esposa:
—¿Sabes cuál es la peor parte de la jornada?
—¿Cuando te despiertas? —aventura ella.
—No, *¡la peor parte es la que va desde que me levanto hasta que vuelvo a acostarme!*

415. RETRASO CRÓNICO

Luis llega tarde al colegio y la profesora lo regaña:
—¡Luis, ya es la quinta vez que llegas tarde esta semana! ¿Qué crees que tengo que pensar?
—*¡Que es viernes, señorita!*

416. CON EL DIRECTOR

El director de una empresa convoca a un empleado a su despacho porque ha llegado tarde.
—Señor Ratoni, ¿cómo es que llega a estas horas?
Y el empleado le responde:
—*Señor director, he hecho lo que me dijo: ¡me he leído el periódico en casa y no en la oficina!*

417. ENERGÍA

Un paciente se queja al médico:
—Doctor, me parece que se ha equivocado... Yo le pedí que me recetara algo para los picores y usted me ha prescrito un reconstituyente.
Y el doctor le responde:
—*¡En efecto, para que pueda rascarse con energía!*

418. ÁRBITRO EN APUROS

Un médico atiende a un paciente en la sala de urgencias de un hospital y le pregunta:
—¿Es usted el árbitro que se ha tragado un silbato?
Y el paciente le responde:
—*¡Piiiiiiiiiiiiii!*

419. ASESINO

¿Cuál es el colmo de un asesino?
¡No saber cómo matar el tiempo!

420. CARRERA DE OBSTÁCULOS

Una pequeña tortuga está subiendo los peldaños de un jardín, uno al día. Cuando ya lleva sesenta peldaños, tropieza y cae rodando. Al llegar abajo exclama:
—*¡Esto es lo que pasa cuando se va con prisas!*

421. LAVANDERÍA

¿Cuál es el colmo del dueño de una lavandería? *¡Tener una mancha en el expediente!*

422. OLIMPIADAS

Durante la ceremonia de apertura de las Olimpiadas, una rata boba sube a la tarima para pronunciar un discurso oficial ante una gran muchedumbre, pero se pone muy nerviosa y apenas puede articular palabra:

—O... O... O... O... O...

Su ayudante la interrumpe con un gesto y le susurra:

—Disculpe pero... *¡no hace falta que también lea los aros olímpicos del membrete!*

423. MALAS CALIFICACIONES

—¡No tengo la culpa de que me haya ido tan mal el cole! —se justifica Carlos cuando regresa a casa con malas notas—. Lo que pasa es que me siento al final de la clase, y cuando me toca el turno de recibir las notas... *¡solo quedan las peores!*

424. PERRO GUARDIÁN

Una rata boba le explica a su amigo:
—Tengo un perro guardián estupendo: Cada vez que oigo un ruido sospechoso, *¡despierto al perro y empieza a ladrar!*

425. ¿QUIÉN CEDERÁ?

Dos ratas muy testarudas están una en cada orilla de un río. Entre ambas hay un estrecho puente por el que solo puede pasar una sola rata a la vez. Ninguna de las dos está dispuesta a ceder el paso, de modo que se encuentran en medio del puente, cara a cara. Entonces una de ellas saca un libro y se pone a leer tranquilamente y así tiene un pretexto para no moverse de allí. La otra tampoco se da por vencida y exclama:
—¡Ese libro no lo he leído! *Cuando lo termine, ¿sería tan amable de prestármelo?*

426. CAMINO DE CASA

Un tipo acerca su coche a un paseante, baja la ventanilla y le dice:
—Disculpe, ¿podría decirme cuántas abolladuras tengo en el capó?
—Cuatro... —responde perplejo el transeúnte.
—¡Perfecto! —exclama la mar de satisfecho el conductor mientras sube de nuevo la ventanilla—, *¡tres farolas más, y en casa!*

427. AFEITADO PERFECTO

La condesa de la Pasta Gansa ha contratado a un nuevo chofer que conduce de maravilla, pero tiene un gran defecto: no se afeita casi nunca. Un día, harta de la dejadez de aquel hombre, la condesa le pregunta:
—Bautista, según usted, ¿cada cuánto habría que afeitarse?
Y el hombre le responde:
—Bueno, con una piel como la suya, *¡creo que bastaría con una vez a la semana, señora condesa!*

428. HUMEDAD

Una rata boba va al médico y le dice:
—¿Se acuerda de mi reumatismo de hace seis años, doctor? Me aconsejó que me mantuviera alejado de la humedad.
—¡En efecto! —responde el médico—. ¿Y qué tal se encuentra?
—¡Muy bien! Pero ahora que ya hace cinco años y once meses que estoy curado... *¿cree que podría volver a lavarme de nuevo?*

429. ESTACAZO

Una pareja va a cenar a un restaurante de alto copete. Cuando terminan piden la cuenta y, tras examinarla, el chico exclama asustado:
—Camarero, *¡¿esto es la cuenta de la cena o el precio del restaurante entero?!*

430. ¡QUÉ TRAGEDIA!

Un señor oye un llanto desesperado en casa del vecino, famoso por su tacañería. Intranquilo, llama a la puerta y pregunta:

—¿Qué pasa? ¿Tiene algún problema?

—¡Ha sucedido una tragedia! —le responde el otro—. ¡Se me ha roto una púa del peine!

—¡Vaya por Dios...! —exclama el señor—. ¿Y usted cree que es normal armar todo este drama por una mísera púa?

—¡Ya lo creo! —responde el avaro—: *¡Era la última que le quedaba!*

431. GUANTES ORIGINALES

Dos ratas bobas se encuentran por la calle. Una de ellas lleva puesto un guante rojo y otro azul.

—¡Llevas unos guantes la mar de originales! —comenta la primera.

—No te creas, son bastante comunes —responde la otra—. *¡En casa tengo otro par idéntico!*

432. DISTRACCIÓN

¿Quiénes son las personas más distraídas del mundo?
Los aviadores, ¡porque siempre están en las nubes!

433. ASTRONAUTAS

¿Cuál es el colmo de un astronauta?
¡Tener los ojos fuera de las órbitas!

434. EN LA PORTERÍA

Una rata muy esnob ficha por un equipo de fútbol.
El primer día, el entrenador le dice:
—¡Tú jugarás de portero!
Y la rata puntualiza ofendida:
—*¡Disculpe, querrá decir de conserje!*

435. AHORRADOR

Un señor entra en un hotel y pide una habitación.

—Por supuesto —le dice sonriente el recepcionista—. Tenemos una fantástica *suite* por mil euros.

—¿No tendría una habitación más económica? —pregunta esperanzado el cliente.

—Por trescientos euros puede disponer de una habitación individual —responde el empleado.

—Demasiado, demasiado... ¿No tendría algo por veinte euros?

—Sí, pero tendrá que hacerse la cama usted...

—¡Esa me interesa! —exclama satisfecho el cliente.

—¡Perfecto! —responde el otro—. *Ahora solo falta que consiga la madera, los clavos, el somier y el colchón... Y cuando haya terminado de construírsela, no se olvide de devolverme el martillo.*

436. AFINACIÓN

Un tipo está estudiando piano en su casa, y la verdad es que suena terriblemente mal. Llaman a la puerta, y cuando abre, un señor le dice:
—Buenos días, soy el afinador.
El aprendiz de pianista le responde perplejo:
—Pero si yo no he llamado a ningún afinador...
Y el afinador le contesta:
—Ya lo sé, *¡me han contratado sus vecinos!*

437. CADENAS

Dos fantasmas están caminando por las almenas de un castillo cuando de pronto empieza a nevar.
—¡Pongámonos a cubierto, rápido! —exclama el primero.
—¡No pasa nada! —le dice el segundo—, *¡llevamos las cadenas puestas!*

438. AGRADECIMIENTO

Dos amigos se encuentran por la calle.

—¡Es precioso tu Ferrari nuevo! —comenta uno con admiración.

—Sí, pero no tenía previsto comprarlo... —le responde el otro—. Lo que pasó es que ayer me quedé sin batería en el móvil y tenía que hacer una llamada importante. Entré en una tienda de venta de automóviles, les pregunté si me dejarían llamar, y me dejaron usar su teléfono. Y entonces, pensé que *¡debía comprarles algo en señal de agradecimiento...!*

439. AMIGO SINCERO

Dos amigos se encuentran en la calle y uno le explica al otro que ha conocido a una chica que le gusta mucho.

—¿Sabes? —añade—, todo el día me está diciendo que soy muy guapo, inteligente, simpático...
—¡Buff, creo que no te conviene! —lo interrumpe su amigo—. *¡Yo no me fiaría de una chica tan mentirosa!*

440. EN LA ADUANA

Una rata boba empieza a trabajar de inspectora de aduanas. En su primer control, hace parar a un camión y le pregunta al conductor:
—¿Qué transporta en el camión?
—Cincuenta mil sobrecitos de cromos —responde el camionero.
—¡Vale! —responde la aduanera novata—. *¡Pues ya los está abriendo todos!*

441. ¡MENUDO OÍDO!

En las praderas del lejano Oeste, un indio encuentra a su compañero tendido en el suelo y con la oreja pegada al suelo.

—¿Alguna novedad, Pequeño Halcón? —le pregunta el que va a caballo.

—Una caravana de diez carretas, tiradas por veinte caballos, siete de los cuales son negros, tres blancos y diez pintos. En las carretas viajan treinta y seis roedores, quince rubios y veintiún morenos. ¡Cuatro perros siguen la caravana!

—¡Vaya, vaya! ¡Te felicito por tu extraordinario oído, Pequeño Halcón! —exclama admirado el que va a caballo.

Y Pequeño Halcón le responde:

—¡Pero qué oído ni qué oído...! —masculla el indio—. *¡Hace veinte minutos que me han pasado todos por encima!*

442. PRIMER DÍA DE TRABAJO

Es el primer día de trabajo de un prometedor joven licenciado en marketing. Pero en cuanto ve que el director le pone en las manos una escoba y un recogedor, protesta:
—¡Al parecer no nos hemos entendido! —dice el joven, realmente ofendido.
—Tienes razón, lo siento. Ha sido culpa mía —le dice el director—. *¡No me he acordado de explicarte cómo funcionan!*

443. ROBOT

¿Cuál es el colmo de un robot?
¡Que le falte un tornillo!

444. PEREZA

Dos amigos se encuentran por la calle y uno le pregunta al otro:

—¿Qué tal va tu problema con la pereza?

—¡Estoy curado! —responde el amigo—. ¡Encontré un doctor que me prometió acabar con mi problema en un tiempo récord!

—¿Y ha funcionado el tratamiento?

—¡Ya lo creo! *¡Me presentó una factura tan elevada que tuve que venderme el coche para pagarla y ahora voy caminando a todas partes!*

445. CORTE Y CONFECCIÓN

—¡Maldita sea! —se lamenta un chico—. ¡No hay quien le haga entender a mi abuela que una impresora de agujas no es lo mismo que una máquina de coser! ¡Ya es la tercera vez que me la rompe!

—Pues desconéctala de la corriente —le sugiere un amigo.

—¡Sí, hombre! —le replica el otro—. *¿Y entonces cómo me coserá el dobladillo de los pantalones?*

446. SEMÁFORO

Un guardia de tráfico para a una rata despistada que acaba de pasarse un disco en rojo.
—¿Qué, no ha visto el semáforo? —le pregunta el guardia.
—Sí —responde la rata—. Pero... ¿qué quiere que le diga? *¡Visto uno, vistos todos!*

447. EN EL CINE

Dos amigos están en el cine viendo una película y uno le dice al otro:
—¡Eh! ¡Mira cómo duerme ese de la tercera fila!
Y el otro le responde malhumorado:
—*¿Y por esa estupidez has tenido que despertarme?*

448. LOCIÓN

Un señor calvo entra en una farmacia y le dice al dependiente:
—Quisiera un crecepelo.
—¿De qué tamaño, grande o pequeño?
—Pequeño... *¡cuando crezca pienso cortármelo a cepillo!*

449. ELEFANTES Y MARIQUITAS

¿Qué diferencia hay entre un elefante y una mariquita?
¡Que el elefante tiene paperas, y la mariquita tiene el sarampión!

450. EXTREMIDADES SUPERIORES

—Juanito, ¿en qué partes se dividen las extremidades superiores de los humanos? —pregunta la profesora en clase de ciencias.
—¡Muy fácil, señorita! —exclama Juanito—. En el caso de mi padre, el brazo derecho se divide en: hombro, brazo, antebrazo, mano, dedos, falanges y... *¡mando a distancia!*

451. UN PAR DE ESPAGUETIS

—¡Camarero, por favor! —exclama desde la mesa del restaurante un señor bastante enfadado—. ¡Haga el favor de traerme un par de espaguetis bien cocidos!
—¡Pero, señor, si acabo de servirle un par de bistecs! —le dice perplejo el camarero.
—Lo sé, pero *¡como están más duros que el cuero de unos zapatos, he decidido ponerles unos cordones y aprovecharlos!*

452. PESO RELATIVO

Un hombre va a la farmacia y ve a un señor algo entrado en carnes que está pesándose en la báscula de un modo muy peculiar: primero se sostiene sobre una sola pierna, mira la pantalla de la báscula, murmura una queja, después repite la operación con la otra pierna, y así sucesivamente. Llevado por la curiosidad, el hombre le pregunta:
—Disculpe, ¿por qué se pesa de este modo?
Y el señor le responde:
—*¡Quería comprobar si con este sistema pesaba menos!*

453. CAMPOS MAGNÉTICOS

Dos imanes se encuentran y uno le dice al otro:
—*¡Desde el momento en que te vi me sentí muy atraído por tu magnética personalidad!*

454. POCO HECHO

En el restaurante, un cliente protesta:
—¡Camarero este bistec está medio crudo!
—Lo siento mucho, señor, la culpa es del cocinero: *¡trabaja a media jornada!*

455. MÁXIMA PUNTUACIÓN

—¡Papá, papá! ¡Por fin he sacado un diez en un examen!
—¿Qué examen era, el de historia?
—*¡No, el examen de la vista!*

456. PREMIO

Roberto vuelve del colegio la mar de contento:
—¡Mamá, mamá! Si sacase un diez en clase, ¿me comprarías un tándem?
—Claro que sí —responde su mamá emocionada.
—¡Muy bien! Pues entonces cómprame una bicicleta de una plaza: *¡he sacado un cinco!*

457. MEDIO COCIDA

En el restaurante, un cliente llama al camarero:
—Camarero, ¿cuánto tendré que esperar todavía para que me sirva mis espaguetis?
—La pasta aún está a medio cocer...
—*¡Pues entonces tráigame la mitad que ya está cocida!*

458. HÁBITOS

—¿Sabes? ¡Ayer fui al médico porque sigo chupándome el pulgar! —le explica el pequeño Luis a un compañero de clase.
—¿Y el doctor qué te dijo?
—No entendí nada... *¡me habló todo el rato con el pulgar en la boca!*

459. AUSENCIAS

La profesora reprende a la madre de Cecilia:

—¡Esto no puede ser, el mes pasado su hija faltó a clase treinta y dos veces!

—¡Pero si el mes pasado solo tuvo treinta y un días!

—*¡Es que hizo horas extraordinarias!*

460. RESPUESTA CORRECTA

Emma llega a casa de la escuela y le dice a su madre:

—¿Sabes, mamá?, ¡hoy he sido la única en toda la clase que ha respondido a la pregunta de la profesora!

—¿Ah, sí? ¿Y qué te ha preguntado? —le dice su madre muy contenta.

—*«¿Quién ha puesto pintura en mi silla?»*

461. COCHE CAMA

En los trenes nocturnos, ¿qué viene después del coche cama?

¡El vagón mesilla!

462. DIETA

Una rata glotona le dice a su médico:
—¡No acabo de entender esta historia de la dieta!
—Se lo volveré a explicar —le responde el doctor armándose de paciencia—. ¡Durante unos días solo podrá comer un yogur y tres granos de uva!
—No, eso sí que lo he entendido —protesta la rata—. *¡Lo que quiero saber si debo tomarlos antes o después de las comidas!*

463. JUEGOS PREHISTÓRICOS

—¡Los niños de la prehistoria también jugaban! —explica la profesora en la escuela—. ¿Quién sabe cuál era su juego preferido?
Y uno de los alumnos responde probando suerte:
—*¿Columpiarse en los colmillos de un mamut?*

464. ELECTRICISTA

¿Cuál es el colmo de un electricista?
¡No saber qué nombre de pila ponerle a su hijo!

465. VELOCIDAD

La profesora explica en clase:
—Hay tejedores de alfombras capaces de llegar a los diez mil nudos en un día.
Y uno de los alumnos exclama alucinado:
—¡Guau, menuda velocidad! *¡La lancha de mi tío solo llega a los cuarenta nudos por hora!*

466. PERRITO PEREZOSO

Dos roedores se encuentran por la calle y uno le cuenta al otro:
—¿Sabes? Tengo un perro tan, pero tan perezoso, que cuando quiere que lo saque de paseo, *¡en lugar de la correa me trae las llaves del coche!*

467. MARTE

—¿Qué tal están los locales nocturnos en Marte? —le pregunta un periodista a un astronauta que acaba de llegar de una expedición al planeta rojo.
—¿Qué quiere que le diga? —responde el astronauta—, *¡me han parecido carentes de atmósfera!*

468. RETRASO

Un esqueleto llama a la puerta de una consulta. El médico abre, observa de la cabeza a los pies al nuevo paciente y le dice con tono de reproche:
—*¿Y usted no hubiera podido venir un poco antes?*

469. SUMAS

La profesora le pregunta a Marcelo:
—¿Cuánto son tres más cuatro?
El niño piensa un instante y exclama con convicción:
—¡Siete!
—¡Muy bien! ¿Y nueve más siete?
—Hum... Señorita... —dice el niño poniéndose colorado—, tendría que quitarme los zapatos...
—¿Y eso por qué? —le pregunta desconcertada la maestra.
—Porque para contar números superiores a diez *¡necesito los dedos de los pies!*

470. SUPERVENTAS

Dos amigos se encuentran por la calle.
—¡Hugo, qué sorpresa! ¡Cuando vi tu novela en el escaparate de una librería entré sin pensarlo y la compré!
—*¡Qué bien, por fin puedo conocer la identidad de la única persona que la compró!*

471. PREMIO NOBEL

—¿Tú crees que tengo posibilidades de ganar el Nobel de Literatura —le pregunta un ratón a otro.
—¡Desde luego, pero lo primero es que te pongas a escribir!
—¡Estupendo! *¿Y a quién...?*

472. GNOMOS

¿Cuál es el colmo de un gnomo?
¡Tener un ego gigantesco!

473. GONDOLERO

En Venecia, un gondolero regresa cansadísimo a su casa.

—¿Has tenido un día duro, querido? —le pregunta su esposa.

—¡No lo sabes bien! —responde él—. ¡Toda la mañana con un grupo de turistas por trescientos miserables euros!

—Bueno, tampoco me parece una miseria... ¿Adónde los has llevado?

—*¡A practicar esquí náutico!*

474. HIGIENE PERSONAL

—Mamá, ¿cómo puedes decir que no soy una ratoncita limpia? —protesta Andrea ofendida—. ¡Los lunes me lavo las patas, los martes las axilas, los miércoles las manos, los jueves el pelo, los viernes el hocico y los sábados los dientes!

—¿Y los domingos? —pregunta su madre.

—*¡Los domingos cambio el agua, por supuesto!*

475. AVISTAMIENTO

Dos amigos están mirando el cielo y uno de ellos exclama:

—¡Mira, ese helicóptero lleva más de media hora allí, parado en el aire!

El otro le responde:

—*¡Por mil mozzarellas, seguro que se ha quedado sin gasolina!*

476. POSTRES

El camarero le pregunta a una familia que está comiendo en el restaurante:

—¿Les apetece algo de postre?

—¡Solo comeremos tarta milhojas! —exclama el padre.

—¿Y eso por qué? —pregunta el camarero picado por la curiosidad.

—Verá, *es que somos vegetarianos...*

477. NAVEGACIÓN

¿Cuál es el colmo de un capitán de barco?

Tener que usar la brújula para... *¡navegar por internet!*

478. AUMENTO DE SUELDO

Un empleado entra en el despacho del director y le dice:

—¡Señor director, vengo a pedirle un aumento! ¡Solo le diré que hay tres importantes compañías interesadas por mí, no paran de mandarme cartas!

—¿Ah, sí? ¿Y puede saberse qué compañías son esas?

—*¡La compañía del gas, la de la luz y la del teléfono!*

479. RUIDOS EXTRAÑOS

—¿No notas que el coche hace un ruido extraño? —le pregunta un amigo a otro.

—La verdad es que hace un montón de ruidos extraños. Pero, en compensación, *¡el claxon es del todo silencioso!*

480. ECO

Dos amigos hambrientos van por la calle, y uno de ellos oye de repente una especie de ruidos graves y lejanos. Extrañado, le pregunta a su amigo:
—¿Tú también oyes esos ruidos?
Y el amigo le responde:
—*¡Es el eco del ruido de mis tripas!*

481. MALENTENDIDO

Un amigo ve a otro por la calle, lo para y le dice:
—¿Qué te ha pasado? ¡Estás lleno de magulladuras!
—Ah, nada grave, solo fue un pequeño malentendido ayer por la tarde.
—¿Ayer por la tarde? Pero ¿ayer por la tarde no tenías que coger el coche de línea?
—¡Ahí está la cosa! Al parecer no nos pusimos de acuerdo, y en vez de cogerlo yo a él... *¡me cogió él a mí!*

482. LÍNEAS

¿Cuál es el colmo de una recta?
¡Que se le tuerza el día!

483. NATACIÓN

—¿No te había dicho que he cambiado de deporte? —le cuenta Julio a un amigo.
—Ah, ¿ya no juegas a fútbol?
—No, como siempre llegaba a casa muy sudado... *¡mi madre me ha apuntado a natación!*

484. LITERAL

Un señor se lamenta a un amigo:
—¡Mi mujer es de las que se lo toma todo al pie de la letra!
—¿A qué te refieres? —le pregunta intrigado el otro.
—Verás, el otro día, antes de salir del trabajo, la llamé por teléfono y le dije: «¡Enseguida estaré en casa, querida, ya puedes tirar la pasta!».
—¿Y bien...?
—Pues que me quedé sin cena: *¡cuando llegué, todos los espaguetis habían acabado en la basura!*

485. CORTE Y CONFECCIÓN

¿Cuál es el colmo de una costurera?
¡Perder el hilo del discurso!

486. VIAJE GRATIS

Un amigo le explica a otro:
—¿Sabes que el muy tacaño de mi tío ha renunciado a un viaje gratis que le tocó el otro día en un sorteo?
—¡No me lo puedo creer! ¿Y cómo es eso?
—Pues resulta que el viaje era a las islas Pago Pago, en Samoa, *¡y en cuanto oyó el nombre se puso enfermo!*

487. BUEN NEGOCIO

Un joven que se cree un avispado negociante le cuenta a un amigo:
—Me he comprado todos estos muebles a plazos y pienso sacar el triple de beneficio cuando vuelva a venderlos.
—¿Qué me dices? ¿Y cómo lo harás?
—Muy fácil: *¡cuando haya terminado de pagar los plazos ya se habrán convertido en antigüedades!*

488. EL JARRÓN

Mario está jugando en casa con su pelota y rompe un valioso jarrón que había sobre la mesa del comedor.

Su madre le dice muy enfadada:

—¡Mario, ese jarrón tenía más de doscientos años!

Y el niño le responde aliviado:

—Uf, menos mal... *¡por un momento pensé que era nuevo!*

489. REBOTES

Fermín le cuenta a su amigo:

—¡Ayer, cuando terminamos de jugar en la granja de mi abuela, pasó algo muy extraño!

—¿Qué sucedió? —le pregunta intrigado su amigo.

—Al parecer, la gallina se comió unos extraños gusanitos, ¡y hoy ha puesto un huevo que rebotaba!

—¡Mira por donde! —exclama el amigo—. *¡Ahora ya sé dónde perdí mi bolsita de gomas elásticas!*

490. INTERMITENTE

Dos amigos van en coche, y el que conduce le dice al otro:

—Mira a ver si los intermitentes funcionan.

El amigo asoma la cabeza por la ventanilla y dice:

—*¡Ahora sí, ahora no, ahora sí, ahora no!*

491. DELGADEZ

Simón vuelve a casa de jugar y le pregunta a su madre:

—Mamá, mamá, ¿no te parece que me estoy quedando demasiado delgado?

—¿Qué te hace pensar eso? —le dice su madre.

Y el niño responde:

—Verás, es que he ido a jugar al parque, *¡y la gente me tiraba a mí las migas de pan en lugar de dárselas a las palomas!*

492. BOTÁNICO

¿Cuál es el colmo de un botánico?
¡Vivir en una planta baja!

493. TERMITAS

—Querida, esta noche te llevaré a un restaurante nuevo: *¡en casa acaban de comprar un armario nuevo listo para ser comido!*

494. ÁRBOL DE NAVIDAD

Un perro pasa junto a un árbol de Navidad muy adornado e iluminado y lo contempla satisfecho:
—¡Ya era hora! —exclama—. *¡Por fin han puesto luz en el baño!*

495. TÉ FRÍO

Una rata boba entra en un bar.
—Buenos días, ¿tiene té frío?
—Lo siento —responde el camarero—, pero nos lo piden tan poco que no lo tenemos en la carta.
Al día siguiente, la rata vuelve a presentarse:
—Buenos días, ¿tiene té frío?
—No —responde el camarero—. No pensé que volvería, pero si quiere pasar mañana le tendré uno preparado.
Al día siguiente, la rata vuelve a la carga:
—Buenos días, ¿tiene té frío?
—¡Hoy sí! —responde el camarero sonriente.
—¡Estupendo! —exclama la rata—. *¡Pues haga el favor de calentarme una taza!*

496. ¿DÓNDE ESTAMOS?

Dos jóvenes turistas visitan Francia por primera vez, y en el itinerario organizado figura una visita a Marsella entre otras muchas escalas.
Cuando bajan del autocar, un amigo le pregunta al otro:
—¿Dónde estamos esta vez?
El segundo abre la guía, la examina y responde:
—*¡En la página 72!*

497. DISTRACCIÓN

Un canguro se escapa de un zoo, pero consiguen capturarlo. Para evitar que vuelva a suceder, el director decide reforzar la vigilancia y elevar dos metros más la valla de seguridad del recinto, pero el canguro vuelve a escaparse.

Cuando lo devuelven por segunda vez a su jaula, otro animal le comenta:

—¡Caramba, sí que eres ágil! ¿A qué altura tendrán que poner esta vez la valla para impedirte huir?

Y el canguro responde:

—Aunque pongan una valla de cien metros no servirá de nada *¡mientras sigan dejándose la puerta abierta...!*

498. ¡PARA SIEMPRE!

En un juicio, el magistrado interroga al acusado:

—¿Es verdad que se encontró una pulsera de oro en la playa... y se la quedó?

El acusado responde:

—¡Sí, es verdad!

—¿Y por qué lo hizo?

—Porque en el interior llevaba grabado: *¡Tuya para siempre!*

499. LÁMPARA MARAVILLOSA

Paseando por una playa, un editor, un fotógrafo y un periodista se encuentran una lámpara maravillosa. De la lámpara sale un genio que les ofrece pedir un deseo a cada uno de ellos.

—Quiero —dice el fotógrafo— una maravillosa casa junto al mar donde poder vivir sin ninguna preocupación económica.

—Y yo —dice el periodista— un espléndido yate donde poder vivir sin ninguna preocupación económica.

—Ningún problema —dice el genio—. ¿Y tú? —le pregunta al editor.

—¿Quién, yo? Pues yo quiero que esos dos estén en la redacción pasado mañana *¡con el artículo y las fotografías que han de salir en el periódico...!*

500. EN EL SALVAJE OESTE

Un caballo entra en un *saloon* del salvaje Oeste, pide un té, se lo toma, lo paga y se marcha.
En cuanto el animal ha desaparecido, uno de los clientes, que ha seguido toda la escena con los ojos como platos, le comenta al camarero:
—¡Nunca había visto nada igual!
—Tiene razón —asiente el otro sin inmutarse—, *¡siempre se toma un vaso de leche!*

501. DISC-JOCKEY

El dueño de una discoteca reprende al pinchadiscos por su retraso:
—¿Se puede saber por qué has llegado tan tarde al trabajo?
Y el disc-jockey le explica:
—Se me ha complicado todo: ¡he tenido que dar *45 vueltas* buscando aparcamiento, al final lo he tenido que dejar junto al *último de la fila* en un lugar *descatalogado del Billboard* de aparcamientos, y un policía me ha puesto una multa! Cada día *la misma canción*...

502. EN EL AEROPUERTO

Un pasajero va a la zona de embarque del aeropuerto con sus maletas y le dice muy serio a la empleada:

—Buenos días, tengo vuelo a Nueva York, pero quisiera que estas dos maletas fueran a Roma y estas otras dos a Londres...

—Eso no es posible —le explica la azafata.

—¿Cómo que no es posible? —exclama el pasajero—. *¡Si la última vez lo hicieron estupendamente!*

503. AJOS CRUDOS

Juanito le cuenta a Pepito:

—¿Sabes?, tengo un secreto que nadie conoce para mantenerme siempre saludable... ¡En verano, cuando hace tanto calor, todas las mañanas me como un diente de ajo crudo!

Y Pepito, tapándose la nariz, le responde:

—¡Puaj! *¡Eso no es ningún secreto, te lo puedo garantizar...!*

504. CONEJO FANFARRÓN

Un conejo está sentado en un banco del parque y presume ante los animales que van pasando.
Pasa la jirafa y le pregunta:
—¿Qué estás haciendo, conejo?
Y este responde:
—Disfruto del buen día que hace, bebo té, descanso, y cuando pasa el león le doy un susto.
Pasa la cebra y le pregunta:
—¿Qué estás haciendo, conejo?
Y el conejo vuelve a responder:
—Disfruto del buen día que hace, bebo té, descanso, y cuando pasa el león le doy un susto.
Por fin pasa el león y le pregunta:
—¿Qué estás haciendo, conejo?
Y este responde:
—Disfruto del buen día que hace, bebo té, descanso... *¡y digo tonterías!*

505. EL TIEMPO NO CUENTA

Un señor de ciudad está paseando por el campo y ve a un campesino que sostiene en alto a un cerdito para que pueda comerse unas manzanas directamente del árbol.

Extrañado, el señor le pregunta al campesino:

—Disculpe, pero ¿no sería más práctico sacudir el árbol y que el cerdo comiera las manzanas del suelo? ¡Ahorraría un montón de tiempo!

Y el campesino le responde:

—¡Desde luego, mira que llegáis a ser raros los de ciudad! *¿Y qué necesidad tiene el cerdo de ahorrar tiempo?*

506. ZAPATOS NUEVOS

Una señora entra en una zapatería, elige un par de modelos y el dependiente la ayuda a probárselos.

—Me aprietan un poco —se queja la mujer.

Sin embargo, el dependiente la tranquiliza:

—No se preocupe, señora, verá cómo en un par de días le irán perfectos.

—Ah, muy bien —responde ella poniéndose en pie y dirigiéndose a la puerta—, *¡entonces pasaré dentro de dos días!*

507. LEÑADOR

Unos vagabundos se refugian en una cabaña, y el más anciano de todos empieza a presumir de haber sido el mejor leñador del mundo cuando era joven. Uno de los vagabundos le pregunta dónde había trabajado:

—Donde hice mi mejor trabajo —responde el anciano— fue en el Sahara.

—¡Pero si el Sahara es un desierto!

—*¡Así es como quedó después de que yo pasara por allí!*

508. CURA DOLOROSA

Un señor va al médico porque tiene unos dolores de espalda muy intensos. El doctor lo examina y le dice:

—Tómese una pastilla de estas un día, y al siguiente lo salta. Vuelva dentro de un mes y me dice cómo se encuentra.

Al cabo de un mes, el paciente regresa a la consulta y el médico le pregunta:

—¿Qué tal, ha funcionado el tratamiento?

—Hum, estoy mejor de la espalda, eso sí, pero... ¿no podría recetarme algo para las piernas? *¡Me duelen un montón de tanto saltar!*

509. EL PRIMER Y EL ÚLTIMO DÍA

Mateo le comenta a un compañero de clase:
—¿Sabes cuál es la cosa que más odio? ¡El primer día de cole!
—¿Ah, sí? ¿Y eso por qué? —le pregunta intrigado su compañero.
—*¡Porque queda lejíííííííísimos del último día de cole!*

510. RESFRIADO

Un pescador sale a pescar, y cuando está mar adentro lo sorprende una buena tormenta.
Cuando regresa a casa está empapado y estornuda.
Su mujer le pregunta:
—¿Qué has pescado hoy?
Y él responde con voz nasal:
—*¡Un buen... resfriado!*

511. PAPEL PINTADO

—Este verano no hemos ido de vacaciones —le explica Julia a su amiga—. Mi marido y yo hemos preferido reformar un poco la casa. Ven, que te la enseñaré...
Julia le muestra el salón, la cocina, el baño, y por fin la lleva a un dormitorio empapelado con una horrible combinación de violeta, naranja y negro.
—Si he de serte sincera —le dice la amiga con expresión cohibida—, ¡con este papel pintado dan ganas de salir corriendo de aquí!
—¡Tienes toda la razón, querida! —coincide sonriente la dueña de la casa—. *¡Esta es la habitación de invitados!*

512. ¡MENUDO FAVOR!

Un día lluvioso, Pablo se encuentra a su amigo Máximo por la calle y este le dice:
—Pablo, ¿podrías hacerme un favor?
—Claro, si está en mi mano...
—He olvidado el paraguas en casa y tengo que comprar uno nuevo. ¿Podrías cambiarme este billete de cincuenta euros por seis billetes de diez?
—Querrás decir cinco billetes de diez —lo rectifica Pablo bastante mosqueado.
Y Máximo le responde:
—¡Sí, hombre...! y entonces, *¿dónde está el favor?*

513. ¡YA LO SÉ!

Es una noche sin luna y cae una lluvia torrencial. Un tipo camina por una calle principal de la ciudad y hace ver que saca algo de sus bolsillos y lo esparce a su alrededor.
Un policía se le acerca.

—¿Se puede saber qué está haciendo?
—Hago ver que reparto galletitas a los gatos abandonados.
—¡Pero si aquí no hay gatos abandonados! —dice el policía.
Y el señor raro le responde altivo:
—Ya lo sé... *¡¡¡Por eso estoy haciendo como que lo hago!!!*

514. PASADA POR AGUA

—Hoy he comido en un merendero al aire libre —le explica Iván a un amigo—, y a media comida se ha puesto a llover a cántaros... *¡He tardado tres horas en acabarme la sopa!*

515. PETICIÓN DE MANO

Un chico le dice al padre de su novia:
—Este mes me gustaría pedir la mano de su hija.
—¿Cuál, la mayor o la menor?
—*¡Caray, no sabía que su hija tuviera una mano más grande que la otra!*

516. HAMBRE DE TOPO

Dos topos muertos de hambre vagan por el bosque acompañados de una liebre. De pronto, a lo lejos divisan un caldero humeante. Uno de los topos saca a toda velocidad de su mochila unas zapatillas deportivas y se las pone.

—¿Acaso te crees que correrás más deprisa que la liebre? —le pregunta el otro topo.

Y el primero le responde:

—Claro que no, *¡pero más deprisa que tú, seguro!*

517. TRATAMIENTO TERMAL

—¡Esta es la última vez que tomo una sauna! —le dice una gallina a su amiga.

—¿Y eso por qué?

—*¡Porque después me paso dos semanas poniendo los huevos cocidos!*

518. ESTRELLADO

—Qué mala suerte tuve ayer —le comenta Marcos a su amigo Andrés—. Estaba admirando un bonito cielo nublado mientras paseaba con mi novia por unos jardines, tropecé, me di un buen porrazo y... *¡en vez de nubes acabé viendo las estrellas!*

519. CITA

Un joven espera a una chica fuera de clase. Cuando ella sale, le confiesa:

—¡Desde que te vi, a finales de septiembre, ya no pude pegar ojo en todo el mes de octubre! ¡Todas las noches me tendía en la cama con los ojos abiertos, tratando de reunir el valor para pedirte que quedáramos una tarde para salir!

—Vale —le dice la chica, emocionada—. ¿Qué te parece si quedamos esta noche para comer una pizza?

—*¡No, esta noche me voy a hartar de dormir!* —responde él.

520. SOPA INCOMIBLE

Un cliente pide una sopa en un restaurante. Se la llevan, y al momento llama al camarero:

—¡Camarero, no hay manera de comerse esta sopa!

—No se preocupe —responde solícito el camarero—, enseguida se la cambio.

Pero al poco, el cliente vuelve a llamarlo:

—¡Camarero, tampoco hay manera de comerse esta sopa!

El camarero acude de nuevo y vuelve a cambiarle la sopa.

Finalmente, el cliente, que ya está harto, exclama:

—Camarero, es inútil que siga cambiándome la sopa. *¡No podré comérmela hasta que me traiga una cuchara!*

521. VACACIONES

En su primer día de escuela, la pequeña Lisa levanta la mano en cuanto entra en clase.

—Muy bien, estoy contento de que alguien quiera hacer una pregunta. ¿Qué quieres saber? —dice el maestro.

—Señor profesor, *¿cuándo empiezan las vacaciones?*

522. EL TIGRE

Amanece en la selva. Un tigre se despierta, se desperezа y comienza a pasear majestuoso. Se cruza con un mono y le ruge:

—¿Cuál es el animal más poderoso de la selva?

Temblando, el mono responde al instante:

—¡E-eres tú, tigre..., no hay nadie más poderoso que tú!

Y el felino prosigue su paseo. Se encuentra una pantera y le pregunta con altivez:

—¿Cuál es el animal más poderoso de la selva?

La pantera le responde temblorosa:

—¡E-eres tú, tigre..., no hay nadie más poderoso que tú!

Satisfecho, el tigre sigue avanzando por la selva, cada vez más seguro de sí mismo.

A continuación se topa con un elefante y le ruge:

—¿Cuál es el animal más poderoso de la selva?

Pero esta vez el elefante agarra al tigre con su trompa, lo derriba, lo sujeta por la cola y lo hace girar un sinfín de veces, y al final lo arroja al suelo, medio muerto.

Y el tigre exclama con un hilo de voz:

—¡Vale, vale! *¡¡¡Si no conocías la respuesta solo tenías que decirlo, tampoco hacía falta ponerse así!!!*

523. MISTERIOS

Se acerca el inverno y una marmota le explica a un tejón:
—El próximo invierno intentaré mantenerme despierta.
—¿Y eso por qué? —le pregunta intrigado su amigo.
—*¡Quiero descubrir cómo se las apañan las hojas para volver a subirse a los árboles!*

524. ¡IN-SO-POR-TA-BLE!

El primer día de clase, un niño le explica a su compañero recién llegado:
—Ese es el profesor de lengua. Cuando no lo conoces bien, puede parecer un poco antipático...
—¿Y cuando lo conoces bien?
—*¡Bueno, entonces resulta directamente in-so-por-ta-ble!*

525. CARRERAS DE CABALLOS

Una tarde lluviosa dos amigos deciden quedarse en casa a ver una carrera de caballos por la tele. Al cabo de un rato, uno de ellos propone:

—¿Por qué no jugamos a adivinar qué caballo ganará la carrera?

—De acuerdo.

—Pues yo digo que el caballo blanco llegará el primero.

—Yo, en cambio, digo que ganará el caballo negro.

Acaba la carrera y gana el blanco.

—¡Lo he adivinado! —exclama el primero.

Al cabo de un rato, el amigo ganador, acosado por los remordimientos, le dice al otro:

—He de confesarte algo. La carrera que hemos visto por la tele era en diferido y yo ya la vi ayer, por eso sabía que ganaría el caballo blanco.

—Qué casualidad —replica el perdedor—, yo también vi la misma carrera ayer... *¡Pero estaba convencido de que hoy el caballo negro sería más veloz!*

526. ROSA ROJA

Una chica le cuenta a su amiga:
—Hace dos meses, mi novio me regaló una bonita rosa roja. Y me dijo que cuando la rosa perdiera todos sus pétalos estaríamos juntos para siempre...
—¡Qué romántico! Y entonces ¿por qué estás tan triste?
—Porque la rosa... *¡es de plástico!*

527. SISTEMA INFALIBLE

Un tipo se encuentra a un amigo al que hacía tiempo que no veía, y como lo nota muy desmoralizado, le pregunta qué le sucede:
—Hace unos meses decidí que tenía que adelgazarme, y a partir de entonces todas las mañanas subía a la empresa donde trabajo, que se encuentra en lo alto de un rascacielos, usando únicamente la escalera.
—¿Y por qué estás tan abatido? ¡Yo te veo muy bien, se nota que has perdido un montón de kilos!
—Sí, pero además de los kilos *¡también perdí el trabajo, porque llegaba tarde todos los días!*

528. MATRÍCULA

Un chico le explica a un amigo:
—Yo solo lavo el coche una vez al año, normalmente en octubre, y siempre empiezo por la matrícula.
—¿Y por qué precisamente por la matrícula?
—*¡Porque con tanta porquería acumulada primero tengo que asegurarme de que es el mío!*

529. MARTILLAZO

Unos operarios están instalando la carpa de un circo muy importante. De pronto, uno de ellos empieza a dar saltos hacia atrás y a hacer cabriolas, piruetas y acrobacias.
El director del circo lo ve y le dice:
—Tú no tendrías que trabajar de instalador, tu futuro es convertirte en un acróbata.
—Lo siento, señor director, *¡pero no pienso darme un martillazo en la mano cada vez que tenga que salir a la pista!*

530. EL GUÍA LOCAL

Un famoso director se desplaza al desierto del Sahara para rodar una película.

Un día, el guía local le dice:

—Es inútil prepararse para mañana: lloverá.

Y en efecto, al día siguiente llueve.

Unos días más tarde, el guía le dice al director:

—Es inútil prepararse para mañana: se desatará una tormenta de arena.

Y al día siguiente, a la hora prevista, se desata la tormenta.

Todos se quedan boquiabiertos con las capacidades del guía.

Pero transcurren los días y el guía no anuncia nada.

La víspera de una escena importante, el director llama al guía y le dice:

—Estoy en tus manos: mañana tengo que rodar la secuencia más importante de la película... Dime, ¿qué tiempo hará?

El guía se encoge de hombros y responde:

—No tengo ni idea, amigo, *¡se me ha estropeado la radio!*

531. CURA PREVENTIVA

Un paciente le pregunta a su médico:

—Doctor, ¿qué tengo que hacer para no pillar otro resfriado?

—Muy fácil: *¡quédese con el que ya tiene!*

532. ENVENENAMIENTO

Un médico, tras examinar la analítica de un paciente que se queja de un fuerte dolor en la rodilla, le dice:

—Tengo dos noticias, una buena y otra mala.

—Pues dígame primero la buena —le pide el paciente.

—La buena es que solo tiene un poco de agua en la rodilla.

—¿Y la mala?

—*¡La mala es que el agua está envenenada!*

533. CANALES

—Quisiera comprar un televisor —le dice un señor al dependiente.

—Le aconsejo este modelo, tiene más de cien canales.

—¿Cien canales? Lo siento pero no me interesa, *¡no podría soportar tanta humedad en casa!*

534. REGALO INESPERADO

Un señor entra en una papelería y compra una agenda y una pluma.

—Envuélvamelo para regalo —le pide a la dependienta—. Es para el cumpleaños de mi mujer.

—Seguro que su esposa se llevará una gran sorpresa —comenta la chica.

—¡Ya lo creo! *¡Ella se piensa que le regalaré un collar de oro!*

535. DE POCAS PALABRAS

Un chico que lleva varios meses fuera de casa regresa de la universidad para pasar un fin de semana.

Su padre tiene muchas ganas de saber cómo le ha ido, y le pregunta:

—¿Qué tal van las cosas?

—Bien —responde el chico.

—¿Y la comida?

—Buena.

—¿Y la habitación?

—Bonita.

—¿Y tus compañeros son simpáticos?

—Sí.

El padre, en vista de que su hijo es parco en palabras, sigue preguntándole:

—Me han dicho que allí tenéis un equipo de fútbol muy bueno. ¿Tú estás en el equipo?

—Sí.

—¿Y qué tal ha ido el campeonato este año?

—Bien.

—¿Y cómo te van los estudios?

—Bien.

—¿Ya has decidido cuál será el tema de tu tesis?

—Sí.

—¿Ah, sí? ¿Y cuál será?

—*¡La comunicación!*

536. SE BUSCAN ESCARABAJOS

Un señor va a ver a su casera para liquidar su contrato de arrendamiento tras haber estado viviendo un año en un apartamento.

—Aquí tiene, el dinero y las llaves... Por cierto, ¿sabe usted de dónde podría sacar un centenar de escarabajos?

—¿Un centenar de escarabajos? ¿Y para qué los quiere? —pregunta sorprendida la casera.

—Verá, como usted me dijo que *tenía que dejar el apartamento como lo encontré...*

537. CALVICIE OTOÑAL

¿Sabéis cuál es la única cosa capaz de detener la caída del cabello en otoño?

¡El suelo!

538. PINTURAS LEJANAS

Un pintor recibe el encargo de pintar la raya continua de una carretera.
El primer día pinta dos kilómetros, el segundo día un kilómetro y medio, el tercer día menos de un kilómetro.
Su jefe se da cuenta y lo regaña:
—¿Qué pasa aquí? ¿Estamos perezosos últimamente?
—De eso nada —responde el operario—. Lo que sucede es que cuanto más avanzo... *¡más lejos me queda el bote de pintura!*

539. BEETHOVEN

Dos campesinos conversan mientras cosechan el trigo.
—¿Sabes?, estoy enseñando a hablar a mi oveja.
—¿De verdad?
—Sí, he empezado por enseñarle el nombre de un insigne compositor, Beethoven, *¡aunque de momento solo sabe decir Bee...!*

540. PARACAIDISMO

Un paracaidista le pregunta a un campesino:
—Disculpe, pero es que con esta niebla apenas veo nada. ¿Podría decirme dónde estoy?
Y el campesino le responde sin inmutarse:
—*¡Encima de un árbol!*

541. MALETA PESADÍSIMA

Un pasajero baja del tren con una maleta muy pesada. Llueve a cántaros y sopla un viento muy fuerte.
Se dirige a la parada de taxis y le pregunta a un taxista:
—¿Cuánto cuesta llevar una maleta en el taxi?
—¡Un euro!
—Ah, muy bien, pues lléveme la maleta a la pensión Florita, *¡yo tomaré el metro!*

542. OJOS

El primer día de escuela, el profesor le pregunta a un alumno nuevo:
—A ver, dime, ¿cuántos ojos tenemos?
El niño medita la respuesta y al fin dice:
—¡Cuatro!
—Pero ¿qué dices? ¡Qué respuesta más absurda!
Sin embargo, el niño insiste:
—La respuesta es cuatro, señor profesor: *¡dos usted y dos yo!*

543. ¡MENUDOS PRECIOS!

Un hipopótamo entra en un bar y pide un zumo. El camarero se lo sirve y le da la cuenta: cinco euros.
El camarero, que no sale de su perplejidad, al final le dice:
—¿Sabe una cosa? Es la primera vez que veo un hipopótamo en mi bar...
Y el hipopótamo le responde:
—*¡Con estos precios, no me extraña!*

544. OCTOGENARIA

Una ancianita se ha resfriado y va a la consulta del doctor. El médico le pregunta:
—¿Cuántos años tiene?
—Ochenta y tres.
—¡Diga treinta y tres!
—Pero, doctor, *¿no ve que nadie me creerá?*

545. PULGAS BEBÉ

Un artista de feria viaja en el tren Barcelona-Valencia. En una cesta lleva las pulgas que emplea para su número.
El revisor le pide el billete y le dice:
—¡En este tren no pueden viajar animales!
Y el feriante le responde:
—Lo sé, lo sé... *¡pero le juro que cuando partimos de la estación aún eran huevos!*

546. MEDIOS DE TRANSPORTE

La pequeña Elisa le dice a su papá:
—Papá... ¿me compras un diccionario para ir al colegio?
Pero su padre le responde:
—Déjate de diccionarios: *¡al colegio hay que ir a pie!*

547. SINCERIDAD

Un tipo muy exigente entra en una tienda a comprarse una camisa y pide una que sea muy ligera pero que abrigue. Después de ver un montón, escoge una y pregunta en tono desconfiado:
—¿Seguro que toda la camisa es de pura lana?
Y el dependiente le responde:
—Si he de serle sincero, *¡los botones no lo son!*

548. JARDINEROS

¿Por qué las ratas bobas creen que recoger las hojas en otoño es un trabajo de riesgo?
¡Porque están convencidas de que hay que subirse a los árboles para cogerlas!

549. CUMPLEAÑOS

Tía Clotilde le pregunta a su sobrinita Ariadna:
—Ya falta poco para el cumpleaños de tu hermanito, ¿qué le regalarás este año?
—Aún no lo sé... *¡El año pasado le regalé el sarampión!*

550. SETAS GIGANTES

Dos mentirosos se encuentran por la calle y uno le dice al otro:
—¿Sabías que en mi país las setas son tan altas como los árboles?
Y el otro le replica:
—Bah, eso no es nada: *¡en mi país son los árboles los que crecen bajo las setas!*

551. LISTA DE REGALOS

La pequeña Clara está muy atareada escribiendo algo. Su papá la ve y le pregunta:

—¿Qué estás haciendo, Clara?

—Estoy escribiendo la lista de los regalos que quiero para mi cumpleaños.

—¡Pero si aún faltan siete meses!

—Lo sé, *¡pero así me dará tiempo de escribirlos todos!*

552. EL DOBLE DE TRABAJO

Dos mozos de mudanzas están subiendo un pesado armario a un piso muy alto. Cuando están en la cuarta planta, las puertas del armario se abren de improviso y ven que dentro está uno de sus compañeros.

—¿Se puede saber qué haces ahí dentro? —le preguntan.

—*¡Estoy aguantando las perchas!*

553. MÉDICOS ROMANOS

Un tribuno romano va a la consulta de un médico y le dice:
—Doctor, estoy muy resfriado, creo que tengo fiebre...
Y el médico le responde:
—Vamos a echarle un vistazo... A ver, *¡diga XXXIII!*

554. BACILOS

Un bacilo se encuentra con otro y le pregunta:
—¿Qué tal, cómo te encuentras?
—¡Uf, estoy fatal!
—¿Ah, sí? ¿Qué te sucede?
—*¡¡¡Tengo un ataque de penicilina!!!*

555. PAPÁ AGARRADO

Un niño pasa con su papá junto al escaparate de una papelería y le dice:
—¡Papá, papá, cómprame confeti para mi fiesta de cumpleaños!
—*¡Ni hablar, niño, que el año pasado lo tiraste todo por los suelos!*

556. SOLO PARA DOS

Una señora entra en una librería y pide un libro de recetas de cocina.
—¿Grande o pequeño? —le pregunta el dependiente.
Y la señora responde:
—Pequeño. *¡En casa solo estamos mi marido y yo!*

557. NAPOLEÓN

En clase de historia, la profesora le pregunta a Vicente:
—Dime, ¿cuándo murió Napoleón Bonaparte?
Vicente se muestra muy sorprendido y responde:
—Oh, ¿está muerto? ¿De verdad? ¡Pobrecillo! *¡Ni siquiera sabía que estuviera enfermo!*

558. AUMENTO DE SUELDO

Un empleado entra en el despacho del director.
—Señor director, vengo a solicitar un aumento de sueldo.
—¡Ni hablar, imposible!
—Y, digo yo, en lugar de aumentarme el sueldo, *¡¿no podría pagarme más a menudo?!*

559. LIBROS DE VIAJES

En la librería.
—Buenos días, quisiera un libro de viajes muy breve y fácil.
—Tengo lo que usted necesita, señora: *¡el horario de trenes de este año!*

560. AL PIE DE LA LETRA

Un joven enamorado le dice al padre de su novia:
—Señor, he venido a pedirle la mano de su hija Isabel.
Y el padre le responde muy serio:
—¡De ninguna manera! *¡¿Qué haría mi pobre hija con una sola mano?!*

561. ALGO CALIENTE

Una señora que tiene mucho frío entra en un bar.
—Buenas tardes, ¿podría darme algo para entrar en calor?
—Por supuesto, señora..., *¿le parece bien un abrigo?*

562. BUENOS PROPÓSITOS

Ha llegado el fin de curso y un papá regaña a su hijo:
—El año pasado me dijiste que te habías hecho el propósito de aprobarlo todo, y has suspendido cinco. ¿Cuál es tu propósito para el curso que viene?
—Papá, mi propósito para el próximo curso es *¡no volver a hacerme ningún propósito jamás en la vida!*

563. RETRASO

Una chica pierde el autobús y llega al trabajo con un retraso considerable. Por suerte, su jefe es un hombre muy despistado.
—Buenos días, lamento el retraso, pero es que he perdido el autobús...
Y el jefe, que está absorto en la lectura de un documento, le responde:
—Vaya, lo siento... *¿Encontró el autobús al final?*

564. OSO POLAR

Un cachorro de oso polar le pregunta a su madre:
—Mamá, ¿qué raza de oso soy yo?
—Eres un oso polar, cariño.
—¿Estás segura de que no soy un koala?
—¡Claro! ¿Por qué lo preguntas?
—*¡Porque tengo frío!*

565. ESCALOFRÍOS

Dos roedores ancianos conversan en el salón.
—¿Así, dices que esta noche has tenido escalofríos?
—Sí.
—¿Y te castañeteaban los dientes?
—Eso seguro que no: *¡los tenía en la mesilla!*

566. CLASES DE ESQUÍ

Un instructor explica a sus alumnos:
—Para dominar la técnica del esquí tendréis que superar tres momentos difíciles: el primero, aprender a sosteneros sobre los esquís. El segundo, aprender a frenar. Y el tercero y más difícil, *aprender a estar inmóviles con la pierna escayolada durante cuarenta días...*

567. MIOPE

Un señor muy corto de vista ve un objeto de su interés en el escaparate de una tienda y entra a preguntar.
—Buenos días, ¿podría decirme cuánto cuesta el acordeón que tienen en el escaparate?
Y el dependiente, perplejo, le responde:
—*¡Lo siento, señor, pero aquí solo vendemos radiadores!*

568. GATOS

¿Por qué en invierno los gatos prefieren quedarse todo el día en casa?
¡Porque fuera hace un frío de perros!

569. ADIVINANZA

¿Qué es lo único que cae en las pistas de esquí sin hacerse daño?
¡La nieve!

570. PINGÜINOS

¿Por qué a los pingüinos del Polo Sur les cuesta tanto hacer amigos?
¡Porque no saben cómo... romper el hielo!

571. DOMINGO POR LA NOCHE

El jefe le pregunta a su empleado:
—Martínez, ¿está libre la noche del domingo 16?
—¡Sí, señor!
—¿No tiene ningún compromiso?
—¡Ninguno! —responde Martínez, pensando que lo invitará a cenar.
—¡Estupendo! Pues entonces, por una vez en la vida... *¡procure ser puntual el lunes por la mañana!*

572. PAN

¿Cuál es el pan más caro del mundo?
¡El pan de oro!

573. PARADA ESPECIAL

En una excursión organizada en autocar, una señora le pregunta al conductor:
—¿Aunque haya empezado a nevar, pararemos igualmente en el río?
—Desde luego que sí; *¡si no paro, nos daremos un buen chapuzón!*

574. COLMO

¿Cuál es el colmo de un fantasma?
¡En invierno, salir a asustar a la gente con un edredón porque tiene frío!

575. AUTOSTOP

Un policía para un coche y descubre que hay un perro al volante.
Al lado del perro viaja un señor y el policía lo regaña:
—Pero ¿cómo se le ocurre dejar que conduzca un perro?
El hombre se encoge de hombros y responde:
—¿Qué quiere que le diga? *¡Yo hacía autostop y me ha recogido!*

576. EN CLASE DE HISTORIA

La profesora le pregunta a Lisa:
—A ver, Lisa, ¿cuál era el lema de Atila, el famoso rey de los hunos?
—*¡Uno para todos, todos para uno!*

577. EN LA CONSULTA

Un médico le pregunta a su paciente:
—Ahora que ya ha pasado la gripe, ¿qué tal se encuentra?
Y la paciente replica:
—¿Que qué tal me encuentro? *¡¡¡Eso me lo tiene que decir usted!!!*

578. CHOCOLATE

—¡Camarero, una mosca se ha ahogado en mi chocolate!
—*¡Pobrecilla, yo ya la había advertido de que aún no sabía nadar lo suficiente!*

579. TRIMESTRE HORRIBLE

Julio ha recibido las notas del último trimestre, y como los resultados han sido malísimos, decide ir a hablar con la profesora.

—Disculpe, pero creo que no me merecía un cero en esta asignatura.

Y la profesora le responde:

—Yo tampoco lo creo, pero lamentablemente *¡no existe una nota por debajo de cero!*

580. SUEÑOS INCÓMODOS

—Hoy he pasado una noche fatal y me duele todo el cuerpo —le cuenta Laura a un amiga.

—¿Ah, sí? ¿Y cómo es eso?

—Pues resulta que me he pasado toda la noche soñando que la Tierra era cuadrada... *¡y que a mí me tocaba dormir en una esquina!*

581. COSAS DE MAYORES

Un pequeño ratón que acaba de aprender a cruzar la calle solo, un día ve a su madre ayudando a la abuela a atravesar una calle.

—Mamá —le dice—, está muy bien por tu parte ayudar a la abuela a cruzar la calle, pero *¿no crees que ya es mayorcita para apañárselas por sí misma?*

582. APARCAMIENTO

—Papá, ¿por qué has aparcado el coche bajo el sol, con el calor que hace?

—Hijo mío, ¿qué querías, *que lo aparcase encima...*?

583. SUEÑOS GOLOSOS

—¡Mamá, mamá, hoy he soñado que era una galleta! ¡He pasado mucho miedo!

—¿Pequeña y crujiente?

—Sí.

—¿Finita y salada?

—Sí, era así.

—*¡Pues entonces no eras una galleta, eras un* cracker!

584. PREGUNTA TONTA

La mamá de Silvia observa que la niña lleva un rato rascándose un ojo. Como eso la preocupa, le pregunta:

—¿Qué tienes en el ojo?

—Vaya pregunta, mamá: *¡la pupila!*

585. RECOMENDACIONES

Julia está resfriada y no para de estornudar.

—¿Tienes un pañuelo? —le pregunta la profesora.

—Sí —responde la pequeña—, pero no puedo dárselo porque *mi mamá me ha dicho que no se lo preste a nadie...*

586. MAGIA

Un conejito le dice a su madre:

—Mamá, Fernando me ha dicho que nació debajo de una col... ¿Yo también nací así?

—No, cariño —le responde su madre—. *¡Tú naciste del sombrero de un ilusionista!*

587. ¿MERENDAMOS?

—Abuela, ¿puedo comerme un plátano para merendar?
—No, que puede resultar demasiado pesado para tu estómago...
—*¿Y por qué no lo sostienes tú mientras yo me lo como?*

588. APODO

Carlos le escribe a su madre desde el campamento:

«Querida mamá: ¡todo bien por aquí! Pero te olvidaste de escribir mi nombre en las etiquetas de la ropa, *¡y ahora todos me llaman "Cien por cien algodón"!*.

589. ORDENADOR

Alicia recibe una llamada de su abuelita, que está muy preocupada.
—Ten mucho cuidado con el ordenador. *¡Acabo de oír en la tele que pueden contagiar virus!*

590. ¡¿LECHE DE ELEFANTE?!

—Ayer salió en la televisión un bebé que ha engordado veinte kilos en dos semanas tomando leche de elefante...
—¡No me digas! ¿Y de quién es hijo?
—*¡De una elefanta!*

591. VITAMINAS

Mamá envía a Esteban a comprar hierbas reconstituyentes con vitaminas para su hermanita.
En la herboristería, la dependienta le pregunta:
—¿Qué vitaminas necesita, A, B, C...?
—No importa, *¡total, mi hermana aún no sabe leer...!*

592. PAÑUELOS EXTRAGRANDES

Un elefantito le cuenta a su madre:
—Mamá, en el colegio me dicen que tengo la nariz grande...
—No hagas caso, hijo mío, *y ahora coge la toalla de baño del segundo cajón y haz el favor de sonarte.*

593. ¡BOTA, BOTA!

—Cariño, ¿por qué no juegas a pelota con tus amiguitos?
—No me gusta jugar con ellos, mamá, *¡no botan nada bien!*

594. BLANCO Y NEGRO

La abuelita le cuenta a Elisa que cuando ella era joven todo era en blanco y negro: el cine, la televisión...
Entonces la niña ve una foto antigua de su abuela y exclama:
—*¡Caramba, abuela, tú también eras en blanco y negro!*

595. ANATOMÍA

Mateo está estudiando el cuerpo humano.
—Papá, ¿qué es el cerebro?
—Espera un momento, Mateo, *que ahora tengo otra cosa en la cabeza...*

596. MÚSICA

Mamá le dice a Francisco:
—Cariño, esta noche mamá irá a un concierto con sus amigas...
—¿Ah, sí? *¿Y qué instrumento tocarás tú?*

597. NIÑA OBEDIENTE

Antes de salir de casa, mamá le dice a Laura:
—¡Sobre todo no abras a nadie!
Cuando regresa a casa, la madre se da cuenta de que se ha olvidado las llaves y llama al timbre.
—Laura, soy mamá, ¡abre la puerta!
—¡No puedo!
—¿Por qué?
—*¡¡¡Porque me dijiste que no abriera a nadie!!!*

598. SANTORAL

—Pues en mi casa todas las semanas felicitamos a mi abuelo.
—¿Ah, sí? ¿Y cómo es eso?
—*¡¡¡Se llama Domingo!!!*

599. INGREDIENTES ALTERNATIVOS

Luis observa con atención el bote de mayonesa que su mamá acaba de comprar y exclama:
—Qué curioso, *el moho no figura entre los ingredientes...*

600. COMO LOS SEMÁFOROS

Susana está en un museo con su mamá y esta le dice:
—¡Recuerda, no debes traspasar el cordón rojo!
—Lo sé, mamá, *solo puedo pasar si está en verde...*

601. CUENTAS Y DESCUENTOS

Una ratoncita está en el supermercado con su madre y ve un juguete que le gusta. Una dependienta se fija en su carita y le dice:
—¡Hoy hay una oferta de tres por dos!
Y ella le responde:
—Pero yo solo tengo cinco años... *¡aún no me sé las tablas!*

602. EN HONOR A PAPÁ

Una madre está en el registro civil para inscribir a su hijito.
—¿Cómo quiere que se llame el niño?
—Abcdeghilmno...
—¿Cómo dice?
—¿Sabe?, *es que su padre es oculista...*

603. CUESTIÓN DE MEDIDAS

Gabriel quiere ponerse los zapatos de su hermano mayor. Este lo ve y le dice que no lo haga:
—¡Son demasiado grandes para ti!
—¿Y cuánto tardan en encoger?

604. NUEVA VIDA

Unas vecinas charlan en el parque.
—¿Sabías que mi hijo está a punto de empezar una nueva vida?
—¿Por qué, se ha ido a vivir a otro país?
—¡No, acaba de nacer!

605. SELF SERVICE

Un tipo llega a casa del trabajo y le pregunta a su mujer:

—¿Qué hay para cenar?

—Bocadillo de embutido.

—¿Y dónde está? No lo veo...

—Abre el frigorífico. ¿Ves el pan?

—Sí.

—¿Ves la mortadela?

—Sí.

—¿Ves los tomates?

—Sí.

—Bien, *¡pues ahora júntalo todo!*

606. PIZZA A MEDIDA

Dos ferroviarios van a un restaurante y uno le pregunta al otro:

—¿Qué pizza vas a pedir tú?

—Hummm... *¡una cuatro estaciones!*

607. DÍA LIBRE

—Camarero, ¿tiene avestruz?
—¡No, señor!
—¿Cómo que no? ¡Pero si ayer había!
—Es verdad, *¡pero es que hoy es su día libre!*

608. EXIGENCIAS

Un cliente llama al camarero:
—Tráigame un bistec poco hecho, una ensalada con poco vinagre, una manzana que no esté muy madura y una botella de agua.
—*¡¿Y cómo quiere el señor el agua, poco mojada?!*

609. UN BUEN CAFÉ

—Camarero, ¿puedo tomarme un buen café?
—Desde luego, señor, *¡pero tendrá que ser en otro bar...!*

610. LOS AÑOS PASAN...

Un cliente muy distinguido entra en una pastelería.

—Buenos días, quisiera una tarta de cumpleaños para mi esposa.

—¿Cuántas velas le ponemos?

—*Treinta, como de costumbre...*

611. DOS VASOS DE ZUMO

—Buenos días, ¿me pone un vaso de zumo?

—Hoy es su día de suerte, señor, estamos de promoción y el segundo es gratis.

—Muy bien, pues entonces *¡póngame el segundo!*

612. LECHE EN CRISTAL

Un señor entra en un bar.

—¿Me pondrá un vaso de leche?

Y el camarero, que es muy guasón, le responde:

—Lo siento, señor, *aquí solo tenemos vasos de vidrio...*

613. PRONOMBRES

—Andrea, dime dos pronombres.
—¿Quién? ¿Yo?
—*¡Excelente!*

614. MÉTODO DE ESTUDIO

Pedro ha sacado malas notas en la escuela y su madre lo regaña:
—Pero ¿no te dije que estudiaras en voz alta?
—*¡Sí, pero al parecer no me oí lo bastante...!*

615. TRUCO

La profesora está corrigiendo la redacción de Matías.
—¿Por qué haces la letra tan pequeña, Matías?
—*¡Es que así las faltas se ven menos!*

616. ¡MEJOR NO VERLAS!

—Papá, ¿sabes firmar con los ojos cerrados? —le pregunta Iván a su padre.
—¡Claro! —responde este.
—*¡¡¡Pues entonces cierra los ojos y fírmame las notas!!!*

617. PUNTUACIÓN DEPORTIVA

Jorge le pregunta a su amigo atleta:
—¿Sabes qué es un apóstrofo?
—*¡Sí, es una coma que se está entrenando para el salto de altura!*

618. SEÑALES DE TRÁFICO

—Lorenzo, ¿por qué has llegado tan tarde a clase?
—Señor profesor, es que de camino a la escuela he visto un cartel que ponía «Disminuir la velocidad»... *¡y he obedecido!*

619. HISTORIA MODERNA

—Alberto, una pregunta de historia: ¿cómo pudo Napoleón luchar en varios frentes a la vez?

Y el compañero de Alberto le susurra la respuesta:

—Está chupada: *¡usando una videoconsola con varios mandos!*

620. INTELIGENCIA CREATIVA

—¿Por qué llevas la mochila como si fuera un sombrero cuando entras en clase?

—*¡Porque la profesora siempre me dice que he de usar más la cabeza!*

621. ESCRITURA

—Dime, Ana, ¿cuántos tipos de escritura ha habido a lo largo de la historia?

—*¡Mayúscula, minúscula, redonda, negrita y cursiva!*

622. ANIMALES

—A ver, Julia, dime, ¿qué animal barrita?
—Hummm... *¡la barracuda!*

623. VITAMINAS

Examen de ciencias:
—Miguel, dime una fruta que tenga vitamina A.
—¡El albaricoque!
—¡Bravo, Miguel! ¿Y una fruta que tenga vitamina C?
—El cacao.
—¡Fenomenal! Y por último, dime una que tenga vitamina K.
—*¡El kalabacín!*

624. COLORES MARINOS

—Juan Carlos, dime qué mares tienen el nombre de un color.
—El mar Negro, el mar Rojo, el *mar-rón*...

625. ¡RESPUESTA CORRECTA!

—Susana, ¿cuánto son dos más dos?
—¡Cuatro, señorita!
—Muy bien, te daré cuatro caramelos...
—¡Mecachis! *¡Ya sabía yo que tenía que haber dicho cuarenta!*

626. ANCHO O ESTRECHO

—¿Quién sabría decirme cómo es de ancho el estrecho de Gibraltar?
—Señorita, yo diría que muy poco: *¡si fuera ancho, entonces no lo llamarían estrecho!*

627. FRASES SIMPLES

En clase de lengua.
—A ver, Germán, dime una frase simple.
—«El perro del vecino ladra junto a la casa.»
—Un poco más corta...
—*¡Guau! ¡Guau!*

628. NATURALEZA IMPERFECTA

—Tomás, dime qué es una raíz cuadrada.
—Hummm... *¡un error de la naturaleza, profesora!*

629. MAL DE ALTURA

Han pasado lista en clase y Deborah no ha venido. Sus compañeros, preocupados, le preguntan a su hermano:
—¿Está enferma?
—¡Sí, esta mañana tenía vértigos!
—*Pero ¿cómo es posible?, ¡si vivís en una planta baja!*

630. ESPEJOS Y REFLEJOS

Mientras la profesora da la clase, Alejandra mira su reflejo en el espejo.
—¿Qué estás haciendo, Alejandra?
—*¡Reflexiono, señorita!*

631. ANIMALES EXTRAÑOS

—¿Alguien sabe decirme qué son los buitres? —pregunta la profesora.
Una niña levanta la mano y responde:
—Yo diría que los buitres son... *¡los lindos canaritos de las brujas!*

632. REINO ANIMAL

—Lucía, ¿qué es la leona?
—¡Un mamífero!
—¡Muy bien! ¿Y el león?
—*¡¡¡Un papífero!!!*

633. CÁLCULOS VISUALES

La profesora le pregunta a un pequeño campeón de tenis:
—Marcos, ¿sabrías decirme la diferencia entre 6 y 9?
—Claro: *¡uno está del derecho y el otro del revés!*

634. LA DIRECCIÓN CORRECTA

—¡Pablo, no se escribe en los pupitres! ¡Preséntate en dirección!
—Sí, señorita, pero ¿en qué dirección? *¿A la derecha o a la izquierda?*

635. REDACCIÓN

La profesora dicta el tema de la redacción:
—Tenéis que explicar cómo os han ido las vacaciones.
Daniel piensa en lo que escribirá, pero no le viene la inspiración y acaba poniendo: *«A mí muy bien, ¿y a usted?»*.

636. QUINIELA GANADORA

Dos compañeros del cole comentan las notas.
—Pues mi padre se enfadó mucho cuando vio mi cartilla. ¿Y el tuyo?
—Al principio el mío también, pero después se puso de buen humor.
—¿Por qué?
—*¡Porque copió mis notas en la quiniela y acertó 13!*

637. LÓGICA

—Sara, dime una palabra que empiece por «L».
—¡Ayer!
—¿Cómo? Ayer no empieza por «L».
—De alguna manera sí: *¡ayer era lunes!*

638. ¡BUENAS NOCHES!

—Yo duermo, tú duermes, él duerme... Dime, David, ¿qué tiempo verbal es?
—*¡Es tiempo de irse a la cama!*

639. PROBLEMA MATEMÁTICO

—Silvia, completa este problema con una pregunta final: un florista tiene 120 flores en su tienda. 23 se le marchitan y el florista tiene que tirarlas.
—¡Muy fácil! La pregunta es: *¿por qué se han marchitado las flores?*

640. ENFERMO IMAGINARIO

—Mamá, no me siento bien, no podré ir al colegio...
—¡Pero si hoy es domingo!
—Hummm... *¡entonces ya me pondré enfermo mañana!*

641. MATEMÁTICAS Y ESQUÍ

En clase, la profesora propone un problema:
—35 esquiadores han de coger el teleférico. Si en cada cabina caben 5 personas, ¿cuántas cabinas se necesitan?
Julio levanta la mano y responde:
—¡Siete!
—¿Y si fueran 37 esquiadores?
—*¡¡¡Pues que se aprieten!!!*

642. GUSTOS INSÓLITOS

¿Cuál es la bebida preferida de los profesores más reflexivos?
¡El zumo de tomate concentrado!

643. ADIVINANZA

¿Por qué los flamencos levantan una sola pata?
¡Porque si levantasen la otra se caerían!

644. TIEMPOS VERBALES

—Dime, Carlos, si te digo «mañana te preguntaré», ¿qué modo y qué tiempo estoy usando?
—Modo indicativo, tiempo..., tiempo... *¡el tiempo de tomarme el día libre!*

645. LÍNEAS TORCIDAS

—Ayer, en clase de dibujo me esforcé al máximo, pero al final la cosa se torció...
—*¡La próxima vez usa la regla!*

646. MALENTENDIDO

En clase de geografía.
—Elena, háblame de Macedonia.
—Sí, señorita. *La macedonia puede llevar plátano, manzana, naranja...*

647. NOTA

Andrea acaba de llegar a casa del colegio. Su padre, que la había ayudado a hacer los deberes el día antes, le pregunta:
—¿Qué tal ha ido?
—Uf, la verdad es que no hemos sacado muy buena nota...

648. CASTIGO IMPOSIBLE

—Disculpe, profesora, ¿usted sería capaz de castigar a alguien por algo que no ha hecho?
—¡Claro que no, Pablo!
—Menos mal, porque hoy *¡no he hecho los deberes...!*

649. NÚMERO SALVADOR

Sandra vuelve del cole con las notas. Su padre las comenta:
—5 en geografía, 4 en dibujo... ¡Bueno, al menos has sacado un 8 en algo!
—Hum..., papá, eso es la dirección del colegio, *calle Londres número 8...*

650. HISTORIA CORTITA

Un ratoncito prehistórico le enseña las notas a su mamá:

—4 en lengua, lo entiendo; 3 en matemáticas, lo entiendo; pero *¿5 en historia...?*

651. MAREA ALTA

Dos marineros están conversando:

—¡Mira, Emilio, se está levantando la marea!

—¿Ah, sí? *No sabía que aún estuviera durmiendo...*

652. INSOMNIO

¿Qué hace un astrónomo cuando no puede dormir?

¡Cuenta estrellas!

653. ¡INUNDACIÓN!

Una señora llama a un fontanero de urgencias porque tiene un escape en una cañería, pero este llega con mucho retraso.

—¡Lo siento, señora, espero que durante este tiempo haya podido hacer algo!

—Ya lo creo, *¡he enseñado a nadar a mis niñas!*

654. EN CASA DEL ADIVINO

—¡Toc, toc!

—¿Quién es?

—*¡Pues sí que empezamos bien...!*

655. HUÉSPED *NON GRATO*

En el hotel.

—¡Conserje, suba inmediatamente, hay un saltamontes gigante en mi habitación!

—Vale, no se preocupe, *ya lo registraremos mañana por la mañana...*

656. ADIVINANZA

¿Qué hace Geronimo en la cima del Everest?
¡¡¡Refrescarse las ideas para un nuevo libro!!!

657. TRES ESTRELLAS

—Disculpe, ¿podría decirme si este hotel tiene tres estrellas?
—No sabría decírselo, señor, porque de día las estrellas no se ven. *¡Si quiere volver a pasar esta noche, le responderé encantado...!*

658. NATACIÓN

Dos vecinas de playa conversan bajo la sombrilla.
—¿Usted nada?
—Depende...
—¿Cómo que «depende»?
—*¡De si hay agua!*

659. *TOUR* POR EL DESIERTO

Dos exploradores llevan días vagando por el desierto.

—Tengo que darte una noticia buena y una mala. ¿Cuál quieres saber primero?

—La mala.

—Hoy también comeremos arena.

—¿Y la buena?

—*¡Mira cuánta hay!*

660. ADIVINANZA

¿Qué pensó Cristóbal Colón la primera vez que vio un platanero?

«*¡Caramba, un árbol cargado de búmerans...!*»

661. BAÑO REPARADOR

En un salón de hidromasajes.

—Buenas tardes, quisiera un baño de espuma.

—¿Para qué tipo de piel: grasa, normal o seca?

—No sabría qué decir..., *¡dejémoslo en piel sucia...!*

662. TÉCNICAS DE VENTAS

En una tienda de ropa de un centro comercial, un vendedor agresivo se acerca a dos chicos que pasean por allí y les pregunta:

—¿Queréis ver pantalones?

Y uno de los chicos responde:

—Sinceramente, *¡preferiríamos ver una película!*

663. ¡LAS MANOS FUERA!

Un frutero bastante malhumorado le dice a un cliente que está tocando la fruta:

—¿Es que no ha visto ese cartel que pone «Se ruega no tocar»?

—Sí, claro que lo he visto, *¡por eso en ningún momento he tocado el cartel...!*

664. PERMANENTE

El peluquero del bosque está desesperado:

—¡Espero que esta mañana no venga la señora erizo!

—¿Y eso por qué? —pregunta intrigada la señora ardilla.

—*¡Pues resulta que últimamente le ha dado por rizarse el pelo!*

665. RAYOS LUNARES

Una señora entra en una tienda de cosmética.
—Quisiera una crema lunar...
—¡Querrá decir solar!
—¡No, no! ¡No quiero quemarme la piel! *¡No hay nada como broncearse bajo los delicados rayos de luna...!*

666. NOTICIAS FRESCAS

—Cariño, ¿has visto el periódico de hoy?
—Lo he puesto en la nevera... *¡como el quiosquero me ha dicho que eran noticias frescas...!*

667. TERROR EN LA LIBRERÍA

—Buenas tardes, busco libros que den mucho miedo.
—¿Cuántos quiere?
—*¡No sé, los suficientes para que se me quede el pelo de punta y pueda peinarme a lo punky!*

668. QUESO AGUJEREADO

—Querida, ¿dónde has puesto el queso que compré ayer?
—Lo he tirado, cariño.
—¿Y por qué?
—*¡Porque estaba lleno de agujeros!*

669. LORO AFÓNICO

Una señora entra en una pajarería y ve un loro. El dueño de la tienda le explica que no puede hablar porque tiene anginas. Entonces la señora trata de forzarlo a hablar durante un buen rato, hasta que el loro no puede más y exclama:
—*¡Señora, estoy enfermo, hoy no trabajo!*

670. TOS INSISTENTE

El doctor le dice a su paciente tras examinarlo:
—Me parece que su tos ha mejorado...
—No me extraña: *¡me he pasado toda la noche practicando!*

671. ENFERMO MATEMÁTICO

En la consulta del médico.
—Diga 33 tres veces...
—99.
—¡Caramba! *¡Usted tiene cálculos!*

672. ¡ABRACADABRA!

Un mago acude a la consulta de un médico.
—¡Doctor, me estoy quedando solo! Cada vez que salgo al escenario y digo «Abracadabra» desaparece todo el público. Doctor..., doctor..., *¿dónde está?*

673. SOPA DE CEBOLLA

Un tipo con un fuerte dolor de barriga entra en una farmacia.
—Necesito que me dé algo para la indigestión de sopa de cebolla...
—¿Tiene la receta?
—Tome nota: *cuando el agua rompa a hervir, eche seis kilos de cebollas sin pelar...*

674. UN SUEÑECITO ANTES DE LA CENA

El dentista le dice a su paciente:
—Tendré que empastar. ¿Quiere que le duerma el diente?
—De acuerdo, *¡pero sobre todo que esté despierto a la hora de cenar!*

675. DOLOR DE CABEZA

—¡Doctor, doctor, me va a estallar la cabeza!
—*¡¡¡Rápido, desalojen la consulta!!!*

676. DESPISTE

La mamá de Víctor está en la sala de espera mientras el doctor visita al niño. Al cabo de unos minutos, el médico sale y pide unas pinzas. Algo más tarde pide un martillo, y después un destornillador. La madre, cada vez más asustada, le pregunta cómo está su hijo.
—Aún no lo sé. *¡Antes tengo que abrir mi maletín, me he dejado la llave en casa y el condenado se resiste...!*

677. ESCRITURA CREATIVA

En la guardería, una doctora está visitando a Mónica:
—Ahora levanta el piececito derecho.
—Vale, pero ¿cuál es el pie derecho?
—*¡El que usas para escribir!*

678. CUERDAS VOCALES

Un señor va al médico y trata de explicarle lo que le pasa:
—¡D_ct_r, _st_y m_y m_l!
—Está clarísimo: *¡tiene usted una inflamación de las cuerdas vocales!*

679. LORO MORDEDOR

—¡Doctor, mire cómo tengo la pantorrilla! El loro me ha soltado un buen picotazo.
—¿Le ha puesto algo encima?
—No, me ha mordido directamente, *sin aliñarme...*

680. AGITAR ANTES DE USAR

—Juan Carlos, ¿por qué das esos brincos después de tomarte el jarabe para la tos?
—*¡Porque siempre me olvido de agitarlo antes!*

681. DIAGNÓSTICO

—Doctor, me canso cuando subo escaleras, también me canso cuando las bajo... ¿Qué puedo hacer?
—*¿Ha probado a coger el ascensor?*

682. TOS PRIMITIVA

—Emilio, esa tos que has contraído en el colegio suena muy cavernosa...
—No me extraña: *¡es que estamos estudiando a los hombres primitivos!*

683. CUESTIÓN DE DISTANCIAS

¿Cuál es el dolor que se siente con más intensidad?
El dolor de muelas.
¿Y por qué?
¡Porque están muy cerca de las orejas!

684. ADIVINANZAS SOBRE EL PAN

¿Cuál es el pan más húmedo?
¡El pan-tano!
¿Y el más paisajístico?
¡El pan-orámico!

685. INJUSTICIA

—Mañana es el primer día de escuela, así que ya es hora de ir a la cama —le dice una mamá a su hijo.
—Siempre la misma historia —refunfuña el niño—: *¡tengo que irme a la cama cuando no tengo sueño, y levantarme cuando tengo un montón!*

686. ¡VAYA CON LA PIZZA!

Dos pizzas están charlando y una le dice a la otra:
—¿Esta noche vendrás a bailar conmigo?
—¡No me apetece!
—¡Pues sí que estás *caprichosa* hoy!

687. BUÑUELO MOSQUEADO

¿Qué le dice un buñuelo a una sartén cuando se enfada?
—*¡Me tienes frito!*

688. REMORDIMIENTOS CULINARIOS

Conversación entre cebollas:
—No hay quién entienda a los cocineros...
—¿Por qué?
—*¡Primero nos cortan a pedacitos y después lloran!*

689. ¡PRÉSTAME EL PARAGUAS!

Un día lluvioso, una seta le dice a una brizna de hierba:
—¡Menudo tiempo hace! ¿Has visto cómo llueve?
Y la brizna de hierba le responde:
—¡Sí, pero al menos tú tienes paraguas!

690. GUSTOS MUSICALES

¿Cuál es el ballet que más aborrece los frutos secos?
¡El cascanueces!

691. COLMO

¿Cuál es el colmo de un puzle?
¡Ser de una pieza!

692. CONSEJOS MATERNOS

La señora nube está cruzando un desierto con su pequeña nubecilla y le dice:
—Tendrás que aguantarte, cariño, *¡ya sabes que aquí no puedes hacer pipí...!*

693. CALOR SOFOCANTE

¿Qué hace un periodista en un desierto?
¡Buscar una noticia fresca!

694. ELECTRODOMÉSTICO ENGREÍDO

Una tostadora le dice a una plancha:
—¡No soporto a ese ventilador! *Se da unos aires...*

695. ROMANCE BLINDADO

¿Qué le dice un candado a una caja fuerte?
—Cariño, esta noche ponte la combinación...

696. OJOS GLOTONES

¿Qué significa «comer con los ojos»?
¡Saborear los alimentos con las *pupilas* gustativas!

697. RUMORES

Un martillo le comenta a su amigo el destornillador:
—Me han dicho que estás saliendo con la señorita tuerca...
—¿Qué dices? *¡Pero si le falta un tornillo!*

698. ASCENSO LENTO

¿Cuáles son las escaleras más lentas de todas?
¡Las escaleras de caracol!

699. OBSTINADO

¿Cuál es el colmo de un círculo?
¡Ser un cabeza cuadrada!

700. PROGRAMADORES

¿Qué es un programador?
¡Alguien que resuelve de forma incomprensible un problema que no sabíamos que existiera!

701. SEMEJANZAS

¿Qué tienen en común un surfista y un televisor?
¡Que ambos están en la onda!

702. CRUCES

¿Qué sucede si cruzas un paquidermo con un disco duro?
¡Que obtienes un ordenador... con memoria de elefante!

703. INTERNET-DEPENDIENTES

Un amigo le comenta a otro:
—En cuanto te metes a fondo en internet, ya no estás para nadie...
—*¡¿Decías algo?!*

704. EXCLAMACIONES INFORMÁTICAS

¿Qué gritan los ordenadores cuando quieren celebrar algo?
¡¡¡Bit, bit, hurra!!!

705. VECINO MOLESTO

Carlos está charlando con un amigo.
—¿Sabes qué te digo? Que no no pienso ir más al cine. ¡Cada vez que voy se me sienta al lado un tío que no para de hacer ruido cuando come patatas fritas!
—¿Y por qué no te cambias de sitio?
—No puedo, *¡es mi hermano...!*

706. OTRA JIRAFA

Un señor se encuentra una jirafa por la calle, avisa a un agente de policía y le pregunta adónde puede llevarla.

—Llévela a África.

Al día siguiente, el agente de policía vuelve a encontrarse al hombre con la jirafa y le pregunta cómo le fue.

—Ayer la llevé a África, *¡pero hoy no sé adónde llevarla...!*

707. OBJETO VOLANTE

En la autoescuela, el instructor pregunta:

—Dime, Mario, ¿para qué sirven los frenos, el acelerador y el volante?

—Pues... el freno, para frenar; el acelerador, para acelerar; y el volante... *¡para volar!*

708. COMPRA INTELIGENTE

—¿Al final por qué no te compraste un 4x4?

—¡Es que a mí las matemáticas siempre se me han dado fatal...!

709. PEREZA DEPORTIVA

Un amigo le propone a otro:
—¿Por qué no te apuntas conmigo a la maratón?
—¿Qué es una maratón?
—Se trata de recorrer 42 kilómetros.
—Vale, si quieres te acompaño, *¡pero conduce tú, que yo estoy cansado...!*

710. TÁNDEM

Un chico y su amiga se montan en un tándem por primera vez.
—¡Qué cansancio! ¡No me imaginaba que esto del tándem resultase tan agotador!
—¿A mí me lo dices...? *¡Desde que hemos salido no he parado de frenar por miedo a chocar contigo!*

711. EN BICI

Un automovilista se acerca a un ciclista y le dice:
—Oiga, su bicicleta pierde agua...
—¡No me extraña! —responde el ciclista—. Con esta subida tan empinada, *¡hasta ella suda!*

712. DOS BILLETES

Un señor con dolor de cabeza sube al autobús y dice para sí:

—¡Seguro que este dolor de cabeza se me pasará enseguida!

El revisor, que lo ha oído, le dice con ironía:

—*¡Pues si su dolor de cabeza es pasajero, tendrá que pagarle un billete a él también!*

713. SALUDOS URGENTES

En el andén, el jefe de estación mira nervioso su reloj y le dice a una pasajera:

—¡Haga el favor de subir ya, señora, que el tren debe partir!

—Es que quería despedirme de mi hermana...

—*¡Suba, suba, que ya me despediré de ella en su nombre!*

714. MOTORES CON IDIOMAS

Dos automovilistas coinciden en una gasolinera y uno le pregunta al otro:
—¿Dónde fabricaron el motor de tu coche?
—No tengo ni idea.
—Pues el mío está fabricado en Japón.
—¿Y tú cómo lo sabes?
—Porque cada vez que lo apago me dice: *¡«Sayonara»!*

715. MULTA

Un policía de tráfico para un automóvil.
—Su matrícula no se lee...
—Gracias por avisarme, pero no necesito leerla... *¡me la sé de memoria!*

716. CHISTES CONDENSADOS

Dos amigos viajan en un tren. De pronto, uno de ellos exclama:

—¡Cuatro!

Y el otro se troncha de risa.

—¡Dos!

Y de nuevo empiezan las carcajadas.

Otro viajero que está sentado cerca les pregunta por qué se ríen tanto, y ellos le explican que han numerado los chistes para no tener que repetirlos cada vez que quieren volver a contarlos.

El hombre quiere probar y grita:

—¡Tres!

Pero ninguno de los dos se ríe.

—No entiendo nada, ¿por qué no os habéis reído?

—Hombre, *¡es que los chistes hay que saber contarlos...!*

717. PRIMER VUELO

—¡Mira ahí abajo la gente, parecen hormigas!

—Es que son hormigas... *¡el avión aún no ha despegado!*

718. INDICACIONES VIARIAS

Un automovilista se acerca a un transeúnte y le pregunta:

—Disculpe, ¿sabe dónde está la avenida Diagonal?

El transeúnte responde:

—Sí.

Y continúa su camino sin inmutarse.

719. AÑOS AL VOLANTE

Un policía de tráfico hace parar a un coche en un cruce.

—¿Por qué me ha hecho parar?

—¡Ha superado los cincuenta!

—Eso no es verdad, *¡cumplí cuarenta y tres la semana pasada!*

720. CINTURÓN DE SEGURIDAD

Una rata boba sube a un taxi y el taxista le advierte:

—¡El pasajero que va a su lado no se ha puesto el cinturón y no pienso consentir que me multen por su culpa!

—¡Pero si no es un pasajero, es el osito de peluche de mi hija!

—¡Me da igual de qué raza sea su oso, las reglas hay que cumplirlas!

721. CÓMO PASA EL TIEMPO...

Un señor llega a la parada del autobús y le pregunta a otro pasajero que está esperando:

—¿Sabe si ha pasado el 99?

—¡¡¡Ya lo creo, estamos en 2018!!!

722. MOTOS GEMELAS

Dos amigos están en la terraza de un bar y ven pasar a un motorista a toda velocidad que grita:

—¡¿Alguien tiene una moto como la mía?!

Los dos amigos se miran perplejos el uno al otro pero siguen con su conversación. Al cabo de unos minutos, el motorista vuelve a pasar con su moto y grita de nuevo:

—¡¿Alguien tiene una moto como la mía?!

Cuando pasa gritando por tercera vez, uno de los amigos responde:

—¡Yo!

Y entonces el motorista dice:

—¡Vale! *¡¿Me podrías decir cómo se frena?!*

723. ADIVINANZA

¿Cómo se puede mantener ocupada a una rata bobalicona todo el día?

¡Basta con coger una hoja de papel en blanco y escribir «Dame la vuelta» en las dos caras!

724. EN ASCUAS

—¿Sabes el mejor sistema para tener en ascuas a una rata boba?
—No.
—*Pues te lo digo mañana...*

725. PILLÍN

Tres amigos hacen una apuesta: lanzarán un reloj desde la azotea de un edificio y el que logre atraparlo antes de que caiga al suelo, gana.
El primero y el segundo no lo consiguen, pero el tercero, en cambio, sí.
—¿Cómo lo has hecho? —le preguntan alucinados los dos colegas.
—Muy fácil: *¡he atrasado las manecillas una hora!*

726. MULTA O PREMIO

En el tribunal, el juez le dice al acusado:
—Usted rompió la cerca de su vecino. Puede optar por una multa equivalente a una cerca nueva o bien por una semana de trabajos sociales...
—Vale, pues si puedo elegir, *¡deme la cerca nueva!*

727. BAILE DE DISFRACES

Una señora mayor llega a casa, oye ruidos sospechosos y avisa enseguida a sus vecinos, que esa noche están celebrando una fiesta de disfraces. El vecino, que va disfrazado de policía, entra en la casa de la anciana para ver si hay algún intruso, sube al primer piso, y cuando pasa frente a un espejo le dice bastante mosqueado a la dueña de la casa:
—A ver, señora, *¡¿por qué me ha hecho venir si ya está aquí la policía?!*

728. SEÑALES DE HUMO

Dos nativos americanos se están comunicando de una montaña a otra mediante señales de humo. En un momento dado, uno le envía al otro el siguiente mensaje:
—*¡Habla más fuerte, que no te veo!*

729. SUBIR Y BAJAR

Dos ratas bobas tienen que llegar al piso 100 de un rascacielos sin ascensor. Cuando han alcanzado el piso 32, una le dice a la otra:

—¿Estás cansada?

Y la otra le responde:

—¡No!

En el piso 57 vuelve a preguntarle, y la respuesta es la misma.

En el piso 90 repite la pregunta:

—¿Estás cansada?

—¡Sí, no puedo con mi alma!

—Vale, *¡pues volvamos atrás...!*

730. ¿HAY ALGUIEN?

—¿Por qué llamas a esa farola? ¿No ves que no hay nadie dentro?

—*¡¡¡Pero tienen la luz encendida!!!*

731. BARBA LARGA

Dos hermanos se reencuentran al cabo de diez años.
—¡Cómo te ha crecido la barba!
—Qué remedio: cuando me fui de casa *¡me dejé la maquinilla de afeitar...!*

732. JERSEY EXPRÉS

Una señora está tejiendo un jersey a toda velocidad, y una amiga le pregunta:
—¿Por qué tejes tan deprisa?
—*¡Es que quiero terminar el jersey antes de que se me acabe la lana!*

733. MOLESTIAS

Un erizo de mar se encuentra con una tortuga y le pregunta:
—¿Qué tal estás?
—No muy bien... *¡Es como si siempre llevara un peso sobre la espalda...!*

734. NOMBRES... CURIOSOS

Un guerrero sioux le pregunta al jefe de la tribu:
—¿Cómo eliges los nombres de cada uno de nosotros?
—Miro fuera de la tienda y lo primero que veo me sugiere el nombre. ¿Por qué querías saberlo, *Perro esmirriado que levanta una pata*?

735. ETERNA JUVENTUD

—¿Cuántos años cumples hoy?
—Cumplo veinticinco.
—¿Cómo? ¡El año pasado también dijiste veinticinco!
—¡Pues claro! *¡Yo no soy de esos que hoy dicen que tienen una edad y mañana otra!*

736. COSAS DE CARACOLES

—¿Cómo es que no tienes caparazón?
—Es que me he mudado...

737. RONQUIDOS

Rosa le pregunta a su futuro esposo:
—Carlos, ¿tú roncas?
—¡No, te lo aseguro! *¡He estado despierto una hora entera para comprobarlo...!*

738. A RAS DE TECHO...

¿Cómo sabes que hay un elefante debajo de tu cama?
¡Cuando ves que el techo está muy cerca!

739. CUBITOS

¿Por qué no se puede ordeñar a una hormiga?
¡Porque no existen cubos tan pequeños!

740. HUEVOS CENTRIFUGADOS

¿Qué pone una gallina en una lavadora con programa de centrifugado?
¡Huevos revueltos!

741. GENTILEZA

¿Qué adjetivo corresponde a un gallo educado y gentil?
¡Gallante!

742. ANIMALES SUCULENTOS

¿Cuál es el perro más sabroso de todos?
¡El perro salchicha!

743. ¡UNA JIRAFA EN LA COCINA!

¿Cómo se sabe si una jirafa ha entrado en la nevera?
Muy fácil: *¡porque el techo está agujereado!*

744. ANIMALES VANIDOSOS

¿Cuál es el animal que se da más aires?
¡La mofeta!

745. CABALLO NARIZOTAS

¿Por qué los caballos tienen la nariz tan grande?
¡Prueba a limpiarte la nariz con una pezuña...!

746. VELOCIDAD PREHISTÓRICA

¿Cuál es el roedor más veloz de la prehistoria?
¡El velocirratón!

747. POBRECITOS GRILLOS...

¿Cómo están más suculentos los grillos?
¡Al grill!

748. VACACIONES A LO GRANDE

¿Qué hace una hormiga en la cabeza de un elefante?
¡Va de safari!

749. ¡VALIOSÍSIMOS!

De todas las razas de topos que existen en el mundo, ¿cuál es la más valiosa?
¡El topacio!

750. MINIARMAS

¿Cuál es el animal que posee las armas más pequeñas de toda la jungla?
¡El armadillo!

751. SALTO DE LONGITUD

¿Qué animal es capaz de saltar cien veces en un segundo?
¡Un saltamontes con hipo!

752. SIMILITUDES

¿En qué se parecen un pavo real y un supermercado?
¡En las colas!

753. HIGIENE

¿Cuál es el colmo de un pez?
¡Tener que ducharse todas las mañanas!

754. MEMORIA PRIVILEGIADA

¿Por qué el gallo canta todas las mañanas con los ojos cerrados?
¡Para demostrar que se sabe la letra de la canción!

755. CABALLOS Y CABALLEROS

¿Qué hace un gallo en la grupa de un caballo?
¡Gallopar!

756. ¡CÓMO QUEMA!

¿Por qué las mariquitas nunca van a la playa a tomar el sol?
¡Porque tienen la espalda roja todo el año!

757. AMOR ESTELAR

¿Por qué los osos miran al cielo todas las noches?
Porque están enamorados... *¡de la Osa Mayor!*

758. HÁBITAT NATURAL

¿Por qué los tiburones viven en el agua salada?
¡Porque si el agua tuviera pimienta en vez de sal, se pasarían el día estornudando!

759. DULCE PERO...

¿Cuál es el colmo de un fabricante de caramelos?
¡Tener una mujer empalagosa!

760. TODA UNA JOYA

¿Cuál es el colmo de un pirata?
¡Tener una esposa que es un tesoro!

761. CITA

¿Cuál es el colmo de dos paredes?
¡Citarse en la esquina!

762. DIETA

¿Cuál es el colmo de una modelo?
¡Perder la línea... mientras está telefoneando!

763. GRANDES NADADORES

¿Cuál es el colmo de un escualo en una prueba de natación?
¡Quedar descualificado!

764. ¡EL COLMO AL CUBO!

¿Cuál es el colmo de los colmos?
¡Tener un colmado de colmillos en Estocolmo!

765. LADRÓN ENAMORADO

¿Cuál es el colmo de un ladrón?
¡Que una chica guapa le robe el corazón!

766. CACTUS DEPRIMIDO

¡Cuál es el colmo de un cactus?
¡Desinflarse por un pinchazo!

767. NOMBRES DE ANIMALES

¿Cuál es el colmo de un oso?
¡Ser blanco y apellidarse Pardo!

768. CORTE A CEPILLO

¿Cuál es el colmo de un jardinero?
¡Ir al peluquero y que le deje el pelo como un seto!

769. LINDO CONEJITO

¿Cuál es el colmo de un conejo?
¡Tener un primo en la India que lo utilice como cobaya!

770. PUNTIAGUDO

¿Cuál es el colmo de un lápiz?
¡Tener que sacarle punta a todo!

771. PIES AROMÁTICOS

¿Cuál es el colmo de un ratón?
¡Que los pies le huelan a queso!

772. FANTASMÓN

¿Cuál es el colmo de un fantasma?
¡Tener que ir asustando a la gente con una sábana esquinera!

773. SERPIENTE

¿Cuál es el colmo de una serpiente?
¡Tener que llevar una vida arrastrada!

774. DIETA EXCESIVA

¿Cuál es el colmo de un esqueleto?
¡Quedarse en los huesos!

775. EN EL BAÑO

¿Cuál es el colmo de un rollo de papel higiénico?
¡No ser nada fotohigiénico!

776. CUESTIÓN DE ALTURA

¿Cuál es el colmo de un gigante?
¡No estar a la altura de la situación!

777. CARCAJADAS PELIGROSAS

¿Cuál es el colmo de un globo?
¡Estallar en una carcajada!

778. EXAGERADA

¿Cuál es el colmo de una colina?
¡Hacer una montaña de todo!

779. ¿MANDEEE?

¿Cuál es el colmo de una oreja?
¡Hacer oídos sordos!

780. BOQUITA DE PIÑÓN

¿Cuál es el colmo de un chimpancé?
¡Estar siempre de morros!

781. PELIGRO INFORMÁTICO

¿Cuál es el colmo de un pez?
No atreverse a navegar por internet *¡por miedo a caer en la red!*

782. ¡SABOOOR!

¿Cuál es el colmo de un tomate?
¡Tener que asistir a clases de salsa!

783. EN EL MERCADO

¿Cuál es el colmo de un piojo?
¡Vivir en el mercado de las pulgas!

784. ¡CUAC, CUAC!

¿Cuál es el colmo de una oca?
¡Tener que trabajar de dobladora del Pato Donald!

785. AMOR LUMINOSO

¿Cuál es el colmo de un foco?
¡Enamorarse de una foca!

786. ¡BRRRR, QUÉ FRÍO!

¿Cuál es el colmo de un heladero?
¡Tener los pies congelados!

787. RATÓN HAMBRIENTO

¿Cuál es el colmo de un ratón que vive en la sabana?
¡Tener un hambre felina!

788. ¡POR LOS SUELOS!

¿Cuál es el colmo de un felpudo?
¡Sentirse pisoteado a todas horas!

789. CONTRADICCIÓN

¿Cuál es el colmo de un tío alegre?
¡Llamarse Tristán!

790. DISTRACCIÓN LABORAL

¿Cuál es el colmo de un jardinero despistado?
¡Regarse todos los días... las plantas de los pies!

791. RETRASO

¿Cuál es el colmo de un reloj?
¡Llegar siempre tarde!

792. CIRCUNFERENCIA

¿Cuál es el colmo de una circunferencia?
¡Tener el radio de acción fuera del perímetro!

793. MAREO

¿Cuál es el colmo de una almeja?
¡Marearse con el vaivén de las olas!

794. ¡AGUA!

¿Cuál es el colmo de un bombero indeciso?
¡Encontrarse entre dos fuegos!

795. VIAJE PELIGROSO

¿Cuál es el colmo de una pera?
¡Que en un sorteo le toque un viaje a... Macedonia!

796. TIMIDEZ

¿Cuál es el colmo de un semáforo?
¡Ponerse rojo cada vez que le hacen un cumplido!

797. LIMITACIÓN

¿Cuál es el colmo de un pavo real?
¡Tener tantas plumas y no saber escribir!

798. ABURRIMIENTO

¿Cuál es el colmo de un mejillón?
¡Aburrirse más que una ostra!

799. EXCESO DE SENSIBILIDAD

¿Cuál es el colmo de una cebolla?
¡Hartarse de llorar viendo una película romántica!

800. AHORRO

¿Cómo se ahorra con la factura del teléfono?
¡Comprando un megáfono y hablando fuerte desde la ventana!

801. DRAGÓN CICLISTA

¿Qué haría un dragón si participara en la Vuelta Ciclista a España?
¡Quemaría las etapas!

802. EN GROENLANDIA

¿Quiénes inventaron los cubitos de hielo?
¡Los esquimales, haciendo iglús en miniatura!

803. RETRASO

Una mariquita invita a un ciempiés a cenar a su casa, pero este se presenta dos horas tarde.

—Vaya horas de llegar, ¿qué te ha pasado?

—Verás, es que en el portal de tu casa hay un cartel que pone: *«Límpiese los pies antes de entrar»...*

804. DOLORES ASTRONÓMICOS

¿Qué diferencia hay entre un telescopio y unos zapatos que te van muy estrechos?

¡Ninguna, porque los dos te hacen ver las estrellas!

805. ANIMALES PELIGROSOS

Un atún reprende a un pez espada:

—*¿No te da vergüenza, ir siempre armado a todas partes?*

806. PARECIDOS RAZONABLES

¿Qué es tan grande como un rinoceronte pero no es un rinoceronte?
¡La sombra de un rinoceronte!

807. SALTAMONTES NADADOR

—¡¡¡Socorro!!! ¡Hay un saltamontes en mi sopa!
—Tranquilo, hombre, *¿no ves que está aprendiendo a nadar?*

808. TIGRES

Dos niños caminan por el sendero de un bosque, y uno le pregunta al otro:
—¿Por qué chasqueas los dedos todo el rato?
—¡Para mantener alejados a los tigres!
—¡Pero si en España no hay tigres!
—*¿Ves como funciona?*

809. NOCHES EN BLANCO

El sol le dice a la luna:
—¡Caray, pareces muy cansada!
Y la luna le responde:
—Cómo no voy a estarlo, *¡si no pego ojo en toda la noche...!*

810. APAGÓN

Dos amigos se encuentran por la calle.
—¡Eh! ¿Viste qué apagón hubo ayer por la noche?
—Pues la verdad es que no... *¡En mi barrio estábamos todos a oscuras!*

811. EN LA NIEVE

Dos esquiadores novatos hacen su primera salida a la nieve, y uno le dice al otro:
—Oye, ¿por qué le has puesto cadenas a los esquís?
—Está clarísimo, *¡para no resbalar!*

812. UN NOMBRE QUE NI PINTADO

Un amigo se encuentra con otro que está paseando un perro.

—Qué perro más guapo tienes, ¿cómo se llama?

—*¡Stop!*

—Es un nombre muy original... ¿Por qué lo llamas así?

—Verás, como me dijeron que *el perro viene de un cruce...*

813. EN EL MÉDICO

—Doctor, los huesos me hacen daño...

—*¡Pues entonces cómase solo la carne de alrededor!*

814. INVENTOS

¿Quién inventó la bandeja?

Una rata boba cuando alguien le dijo:

—Disculpe, *¿podría alargarme ese plato?*

815. TAREAS DOMÉSTICAS

Dos amigos conversan sobre las tareas de la casa.
—Me han dicho que en casa lavas los platos.
—Y no solo eso, también friego el suelo, los azulejos y la cocina.
—¿Y tu mujer?
—*¡No, no, mi mujer se lava sola!*

816. POR LOS PELOS...

—¿Papá, no piensas hacer nada con tu pelo?
—No te preocupes, cariño, *ya se cae él solo sin necesidad de ayuda...*

817. ¿QUIÉN CUENTA MÁS?

Papá le pregunta a su hijita:
—A ver, Natalia, ¿tú quién crees que cuenta más en esta casa, tú o yo?
—No lo sé papá, *yo cuento hasta mil... ¿Y tú?*

818. EN LA MESA

Mamá regaña a Luisito:
—¿Es que no sabes que es de mala educación alargar los brazos por encima de la mesa para llegar a los dulces? No cuesta nada pedir las cosas, ¿o es que acaso no tienes lengua?
—*¡Sí, mamá, pero es que con los brazos llego mejor a los dulces que con la lengua!*

819. MENTIRAS

La tía Luisa está regañando a su sobrinita por haber dicho una mentira:
—¡Yo de pequeña no decía mentiras, para que lo sepas!
—¿Ah, no? *¿Y a qué edad empezaste, tía Luisa?*

820. EN LA DUCHA

—¡Mamá, mamá! ¡Papá está cantando en la ducha!
—¿Y qué problema hay? No veo nada raro en ello.
—*¡Ya, pero es que se acompaña con un contrabajo!*

821. NADADORES

—Papá..., ¿falta mucho para llegar a América?
—*¡Calla, niño, y sigue nadando!*

822. EL ABUELO FUE NIÑO...

—Papá, ¿el abuelo también fue un niño?
—¡Pues claro! —responde el padre riéndose.
—Ah, vale —comenta el niño, y añade—: *¡Pues menuda pinta tendría con esa barba!*

823. CUESTIÓN DE EDAD

Una niña le pregunta a su abuela:
—¿Cuántos años tienes, abuelita?
—Tengo 66, ¿y tú?
—Yo tengo la mitad.
—¡Anda, anda, tú no puedes tener 33 años!
—Claro que no: *¡tengo 6!*

824. NOMBRES

La profesora le pregunta a una alumna:
—Dime, Luisa, ¿cómo se llama la mujer del guardián?
—Guardiana.
—¿Y la que cultiva el huerto?
—Hortelana.
—¿Y la que trabaja los campos?
—*¡Campana!*

825. AL CUADRADO

—A ver, Fernando, dime el nombre de un reptil.
—¡Una serpiente!
—¡Muy bien! ¿Sabrías decirme otro?
—*¡Otra serpiente!*

826. ARITMÉTICA

—Dime, Blanca: si tienes siete manzanas en una mano, y siete peras en la otra, en total tienes...
—*¡Unas manos enormes, profesora!*

827. ÁNGULOS

¿Cómo se llama el ángulo que no se sabe las lecciones?
¡Ángulo obtuso!

828. IMPERFECTO

—Lucas, dime el imperfecto de «dibujar».
—Muy fácil, señorita: *¡garabatear!*

829. GEOMETRÍA PARDA

En clase de geometría:
—A ver quién sabe cuántas rectas pasan por un punto.
—¡Infinitas!
—Muy bien. ¿Y por dos puntos?
—*¡Infinitas al cuadrado!*

830. CUENTO DE HADAS

Había una vez un príncipe azul tan impresentable y tan antipático... *¡que Cenicienta llegó a casa a las diez y media!*

831. EL CABALLERO ERRANTE

Un caballero con armadura llega a las murallas de la ciudad y se presenta al guardián de la puerta:
—¡Soy un caballero errante!
Y el guardián le responde:
—No se preocupe, hombre, ya lo dijo el sabio: *«Errar es de humanos».*

832. ¿ARDE ROMA?

En la antigua Roma suena un teléfono:
—¿Está Nerón?
—*¡No, ha salido a comprar cerillas!*

833. MÁS CERILLAS

Una cerilla le dice a otra que acaba de arder:
—*¡Mira que te tengo dicho que no te rasques la cabeza!*

834. CARNET DE CONDUCIR

Una señora acaba de examinarse del carnet de conducir, y cuando vuelve a casa, su marido le pregunta:

—¿Qué tal te ha ido?

—Bueno, no sabría decirte...

—¿Cómo que no lo sabes? ¿El examinador no te ha dicho nada?

—Ah, no, *¡aún no ha recobrado el conocimiento!*

835. UN POCO CADA UNO

Un señor marca un número de teléfono y dice:

—Sí, ¿quién habla?

Y desde el otro lado le contestan:

—Bueno, ahora hablo yo, y después, si le apetece, hable usted otro poco...

836. ¡LLENO TOTAL!

Un chico le comenta entusiasmado a su amigo:

—¡El concierto ha sido un exitazo! *¡Mira si había gente, que el director ha tenido que quedarse de pie durante toda la velada!*

837. SOPA ESPECIAL

—¡Camarero! En esta sopa hay dos pelos...
—¿Y cuántos quería la señora?

838. ANCAS DE RANA

—Camarero, ¿tiene ancas de rana?
—¡No, lo que pasa es que camino así a causa del reuma!

839. EXQUISITECES

—¡Camarero —protesta un cliente en un restaurante— este pollo es la cosa más dura que he comido en mi vida!
—¡Eso es porque aún no ha probado nuestros bistecs!

840. INVITACIÓN

—¡Hola, Roberto!

—¡¿Qué tal?! ¡Hacía mucho tiempo que no nos veíamos!

—¿Te apetecería cenar conmigo esta noche?

—¿Por qué no?

—Bueno, pues entonces *¡ya solo falta que me invites!*

841. CITA CON EL AUTOBÚS

Un señor está esperando el autobús en la parada cuando una señora le pregunta:

—Disculpe, ¿pasa por aquí el 20?

—No —responde él bastante sorprendido—, el 20 tengo un compromiso... *¡pero el 21 estoy libre!*

842. INDUSTRIA FLORECIENTE

En una recepción, un tipo le pregunta a otro con tono prepotente:
—Tengo entendido que es industrial... ¿Se puede saber de qué vive usted en realidad?
—De los errores de los demás —le responde.
—¿Y no le da vergüenza?
—En absoluto: *¡dirijo la fábrica de gomas de borrar más importante del país!*

843. GENEROSIDAD DESBORDANTE

Suena el timbre y abre la señora de la casa.
—Querido, son dos personas que hacen una colecta para construir la piscina pública... ¿Qué les damos?
—*¡Dales dos botellas de agua y no se hable más!*

844. VIOLÍN MALSONANTE

—¿Hace mucho tiempo que toca el violín, señora?
—Sí, ya hace más de veinte años.
—¡Caramba! Pues puedo asegurarle... *¡que no se nota en absoluto!*

845. CONDUCCIÓN DEPORTIVA

Dos amigos están probando un coche deportivo.
—La verdad es que con estos neumáticos nuevos tengo la sensación de estar mordiendo el asfalto...
—*¡Pues menos mal que tienes un primo dentista!*

846. AL OTRO LADO

En el cine, durante la proyección de la película, un señor se acerca discretamente al acomodador y le susurra al oído:
—Disculpe, ¿podría decirme dónde está el baño?
—Al otro lado...
Entonces, el señor se acerca a la otra oreja y vuelve a susurrarle:
—Disculpe, *¿podría decirme dónde está el baño?*

847. EL PLATO DEL DÍA

Un camarero está tomando nota a un cliente.
—Le recomiendo la sopa del día, señor.
Y el cliente le responde:
—¿Ah, sí? *¿Y de qué día es, si puede saberse?*

848. RESTAURANTE CHINO

—De primero quisiera nidos de golondrina. ¿Qué me aconseja de guarnición?
—Sin duda, lo que mejor combina con este plato son... *¡unos fragmentos de cornisa!*

849. LOS PIRINEOS

—Papá, ¿dónde están los Pirineos?
—No tengo ni idea, hijito. *¡Pregúntale a mamá, que es la que lo guarda todo!*

850. AMIGO SINCERO

Jorge se encuentra a Pedro y le pregunta:
—¿Ya te he contado el chiste que me inventé ayer?
—¿Es divertido? —le pregunta Pedro.
—¡Ya lo creo!
—*¡Ah, pues entonces no me lo has contado!*

851. CLASE DE HISTORIA

La profesora le pregunta a Arturo en clase de historia:
—Dime, Arturo, ¿en qué se convirtió el príncipe Leopoldo tras la muerte de su padre?
—*¿En huérfano?*

852. OTRA CLASE DE HISTORIA

—Alexia, ¿cuánto tiempo llevas sin venir a clase?
—Uf, al menos... *¡desde la muerte de Alejandro Magno!*

853. EMERGENCIA EN LA OFICINA

Un médico recibe una llamada desde una empresa.
—¡Doctor, venga enseguida, nuestro compañero se ha tragado una pluma!
—¿Y ustedes ya han intentado sacársela?
—La verdad es que no: *¡en la oficina todos usamos bolígrafo!*

854. EL PRECIPICIO

Dos amigos descienden por un escarpado sendero de montaña. De pronto, uno de ellos cae por el precipicio.
—Julio, ¿te has hecho daño? —grita enseguida su amigo con gran preocupación.
Y entonces se oye, lejana, la voz del otro:
—*¡Aún noooooooo...!*

855. POR LA CALLE

Un muchacho se muestra indeciso a la hora de cruzar una calle, pone un pie en la calzada y lo retira al instante, sin saber qué hacer.
Un agente de tráfico que lo ha estado observando le pregunta:
—¿Tienes algún problema, chico?
—Verá, es que siempre que he de cruzar un paso de cebra me pasa lo mismo: *¡no sé si he de pisar las rayas negras o las blancas!*

856. ANTICUARIO

Un hombre entra en una tienda de antigüedades, curiosea un momento y al cabo de un rato le pregunta a la dependienta:
—Disculpe, ¿cuánto cuesta aquella estatua de la esquina?
—Lo siento, pero no está en venta. Y no es una estatua: *¡es el dueño del negocio!*

857. A PIERNA SUELTA

—¡Doctor, la pierna se me duerme muy a menudo!
—Tranquilícese, eso no es nada.
—Ya, pero es que además... *¡ronca!*

858. MOSCA

—¡Camarero, hay una mosca en mi bebida!
—Ah, no se preocupe... *¡Está incluida en el precio!*

859. EN LA BAÑERA

Una señora llama al médico.
—Doctor, mi marido me tiene muy preocupada: ¡todas las semanas lava el coche!
—Eso no tiene nada de extraño, señora —le responde el médico—. ¡Mucha gente lo hace!
—*¿En la bañera de casa?*

860. PACTO

El pequeño David está ante un gran plato de sopa humeante y le dice muy serio a su madre:
—De acuerdo, me la tomaré... *¡pero a condición de que jamás le des la receta a mi futura esposa!*

861. IDIOMAS

Un chico le pregunta a su amigo:
—¿Sabes qué significa «*why*» en inglés?
—¿Por qué? —le responde el amigo.
—*¡Por nada, solo era por saberlo!*

862. CHARLA DE AMIGAS

—¡Hoy me he cruzado con tu marido en el centro, pero él no me ha visto!
—Sí, ya lo sé... *¡Me lo ha dicho él!*

863. DENTISTA CREATIVO

Un señor va al dentista y le dice:
—Doctor, tengo los dientes muy amarillos, ¿qué puedo hacer para resolver el problema?
El dentista reflexiona sobre el asunto y por fin dice:
—*¿Por qué no prueba a ponerse una corbata amarilla?*

864. REMEDIO INFALIBLE

—Doctor, doctor, ayúdeme... ¡La rodilla me duele mucho cuando me la toco!
—*¡Pues haga usted el favor de no tocársela y asunto arreglado!*

865. MERIENDA POLAR

Mamá osa y su osezno se topan con un esquimal que avanza por una gran extensión helada pertrechado con unas raquetas de nieve.
El osezno observa al esquimal, se relame contento y le dice a su madre:
—*¡Mira, mamá, la merienda de hoy incluye dos raquetas de regalo!*

866. SABIOS DESPISTADOS

Dos famosos científicos están examinando los resultados de sus investigaciones ante la pantalla de un potentísimo ordenador.
—Después de siete años de trabajo —dice uno de ellos—, tenemos todas las respuestas que buscábamos... *¡El problema es que ya no nos acordamos de las preguntas!*

867. PRIMERA CITA

Un joven está de pie en una esquina, sin duda esperando a alguien. De pronto se acerca una chica vestida de novia que lo saluda sonriente...
Y él, un poco desconcertado, le dice:
—Pero... Cecilia..., ¿no te parece que vas un poco demasiado deprisa? *¡Esta es nuestra primera cita!*

868. BAJO SOSPECHA

Cuando el señor Pacheco llega a casa, lo recibe su hijo Pablo, lo saluda afectuosamente y lo ayuda a quitarse la chaqueta.
—Te voy a traer las zapatillas —le dice el chico, la mar de amable y sonriente— y te encenderé el televisor.
—Ya veo... —dice entonces el señor Pacheco—. *¡Está claro que hoy te han dado las notas!*

869. DIAGNÓSTICO TRANQUILIZADOR

Después de haber examinado detenidamente al paciente, el doctor le dice:

—No hay ningún motivo de alarma. ¡Su fiebre no me preocupa en absoluto!

—Ya me lo imagino, doctor —le responde con rapidez el paciente—. *¡A mí tampoco me preocuparía en absoluto si fuera usted quien la tuviese!*

870. IRRECONOCIBLES

Suena el timbre. La madre de Pablo abre la puerta y aparece un niño totalmente cubierto de barro, polvo y hierbajos.

—Si eres Pablo —dice la mamá—, ya estás yendo inmediatamente a la ducha. Si eres Mario, *¡tu casa es la de aquí al lado!*

871. ¿HORAS... O DÍAS?

Esa noche, el señor Despistez llega a su casa más tarde de lo habitual. Su esposa, que aún está levantada esperándolo, le dice:

—Pero ¿tú sabes qué hora es?

—Sí, la hora la sé —responde el hombre—. Lo que yo quisiera saber es *¡en qué día de la semana estamos!*

872. ¡ABRA LA BOCA!

Un chico con una barba larga y muy poblada acude a la consulta del dentista. El doctor le hace sentar en el sillón y le dice:

—Muy bien, ahora abra la boca.

—*¡Pero si ya la tengo abierta hace rato!*

873. CUMPLIR LAS NORMAS

Mamá le explica al pequeño Pedro:

—¡No, cariño! El Ratoncito Pérez solo te traerá un regalo si pones tus dientes bajo la almohada. *¡La dentadura del abuelo no vale!*

874. PESO PESADO

La señora Andrade se pesa nada más levantarse en la báscula de casa. Y después de hacerlo le pregunta a su marido muy enfadada:
—¿Tenemos otra báscula en casa? *¡Necesito una segunda opinión!*

875. ADIVINANZA

Es grandote, negro y amarillo, y con antenas... ¿Qué animal es?
¡Un tigre instalando una antena de televisión!

876. EL PEOR MOMENTO

Apenas han transcurrido unos días desde que el señor y la señora Pérez han regresado de sus vacaciones, y cuando suena el despertador, el soñoliento marido le pregunta a la esposa:
—¿Sabes cuál es la peor parte de la jornada?
—¿Cuándo te despiertas? —aventura ella.
—No, *¡la peor parte es la que va desde que me levanto hasta que vuelvo a acostarme!*

877. COLORES

—¡Oh, no! —exclama el médico cuando ve entrar a su paciente en la consulta—. ¡La crema que le receté ayer le ha dejado la nariz de color verde!
—¿Y qué puedo hacer, doctor?
—¡Cámbiese la corbata! *¡La roja que lleva puesta combina fatal con el verde!*

878. VACA

Un granjero le dice a un mozo que acaba de contratar:
—¡Coge aquel taburete y ve a ordeñar a la vaca!
El chico obedece, pero al cabo de tres horas aún no ha regresado. El granjero va al establo y lo encuentra allí, muy enfadado, y le pregunta qué ha pasado.
—¡Ah, yo no tengo la culpa! Es esa vaca tan testaruda: *¡no ha habido manera de que se sentase en el taburete!*

879. ACCESORIOS

Un fontanero pasa en bicicleta con una tapa de inodoro colgada del hombro.
Un viejecito que lo ve, comenta:
—*¡Y pensar que en mis tiempos ya estábamos contentísimos solo con que la bici tuviera timbre!*

880. EXAGERADO

Un señor le comenta a otro:
—¡Me parece que esta tarde va a llover mucho!
Y el segundo, que es muy exagerado, añade:
—Imagínese, en el parque acabo de ver *¡que los cisnes llevaban paraguas...!*

881. TELÉFONO

Un tipo está paseando por la calle y se cruza con otro que lleva una cabina telefónica sobre la espalda. Sorprendido, le pregunta:
—Pero ¿qué hace usted con esa cabina a cuestas?
Y el otro le responde:
—*¡Es que ya estaba harto de dejarme el móvil en todas partes!*

882. TIRO AL BLANCO

Una rata boba, que está sola en un restaurante, muy aburrida, se dedica a tirarle migas de pan a un rico industrial que está sentado en una mesa cercana. El camarero se da cuenta y le dice muy enfadado a la rata:

—¡Ya te enseñaré yo a tirarle migas de pan al señor!

—¡Uf, menos mal! —responde—. *¡De quince migas que le he tirado, solo he acertado dos veces!*

883. INVITACIÓN

—¿Quieres venir a mi fiesta de cumpleaños? —le pregunta Alberto a un compañero de clase.

—¡Me encantaría! ¿Dónde vives?

—¡Es muy fácil! Saliendo de la escuela, tomas la primera a la derecha y la tercera a la izquierda. ¡Cuando llegues al número veinte toca el timbre con la nariz!

—Perdona, ¿por qué con la nariz?

—¡Hombre, no pensarás presentarte con las manos vacías, supongo!

884. COCHE NUEVO

Un ratón va al mecánico y le explica:

—Cogí el coche nuevo para ir de vacaciones y cuando lo puse a 130 kilómetros por hora empezó a bailar. ¿Qué debo hacer?

El mecánico le dice imperturbable:

—*¡Apague la radio!*

885. MAL DORMIR

Es de madrugada, y la niña tira de la manga de papá, que está profundamente dormido.

—Papá, papá, para que veas qué buena niña soy: *¡son las tres de la mañana y aún no te he despertado como hago todas las noches para pedirte un vaso de agua!*

886. ALTOS VUELOS

Una niña observa cómo su hermanito mayor está haciendo volar una cometa, y cuando ve que está tan alta exclama:

—Cuidado, no la hagas volar tan alto, *¡o se enganchará en aquella nube de allí!*

887. UN DEDO EN EL PLATO

En un restaurante, un cliente le está llamando la atención al camarero que acaba de servirle:
—Pero ¿que no ve que ha metido el dedo en mi plato de sopa?
—No se ponga así, ha sido por las prisas, eso le puede pasar a cualquiera —se excusa el camarero.
—*¡Vale, pero la próxima vez procure mantener el dedo gordo de su pie alejado del plato!*

888. LENGUA EXTRANJERA

Una rata boba se presenta a una entrevista de trabajo.
—Supongo que conocerá el alemán... —le dice el director de personal.
—¡No tengo el gusto! —responde la rata boba—. *¡Pero si quiere, puede presentármelo! ¡Me encanta hacer nuevas amistades!*

889. CRÉDULOS

Un tipo entra en un bar y se fija en que el camarero no para de decir:
—Un capuchino, un café solo, una agua mineral, una gaseosa... Un capuchino, un café solo, un agua mineral, una gaseosa...
Pero lo más extraño es que los diez clientes que hay en el bar consumen sin parar todo lo que el camarero va poniendo sobre la barra. El tipo se queda alucinado y no puede por menos que preguntarle al camarero cómo puede tener tanta sed toda aquella gente.
—La sed no tiene nada que ver —le explica el camarero—, lo que pasa es que son muy crédulos.
—¿Crédulos? —pregunta perplejo el tipo.
—En efecto: *¡se tragan todo lo que digo!*

890. CALENTAMIENTO

Cuando una rata boba tiene frío, se pone muy cerquita del radiador. Y cuando tiene mucho mucho frío... *¡lo enciende!*

891. MIGAJAS

Un señor entra en un bar y señala un cruasán.
—Buenos días. ¿Cuánto cuesta?
—¡Dos euros! —responde el camarero.
—Hum... es un poco caro... ¿Y las migajas que hay alrededor?
—¡Las migajas son gratis! —le dice sonriente el camarero.
—Muy bien, pues entonces *¡conviértame en migajas cinco cruasanes, por favor!*

892. BRASA

En un periódico local aparece la siguiente noticia:

«A los pocos días de haber inaugurado un restaurante de brasas, una rata más bien cortita tuvo que cerrarlo. ¿El motivo? *¡Los clientes se quejaban de que se quemaban las manos!*».

893. CACAHUETES AL NATURAL

Un grupo de ancianitas va de excursión en un autocar del Imserso. Al cabo de unas horas, una de ellas le ofrece un puñado de cacahuetes al conductor, que acepta encantado. Unos kilómetros más, y le da otro puñado de cacahuetes, hasta que al final el conductor le dice:

—¡Los cacahuetes me gustan muchísimo, señora! ¡Pero cuantos más cacahuetes como yo, menos quedan para ustedes!

—Ah, no se preocupe —exclama la ancianita—, mis amigas y yo no podemos masticarlos, no tenemos unos dientes tan buenos como los suyos.

—Ah, entonces ¿los han comprado expresamente para mí? —pregunta emocionado el conductor.

—Bueno, la verdad es que no... —confiesa la señora—. No podemos masticarlos, pero como son saladitos, los chupamos... *¡eso sí que aún podemos hacerlo!*

894. SOLUCIONES INFALIBLES

—¡Doctor, doctor! ¡Todas las mañanas, cuando me despierto, nada más levantarme siento un fuerte dolor de cabeza y me desmayo! ¿Qué puedo hacer? —le pregunta al médico un ratón bobo visiblemente preocupado.
Y el doctor le responde sin pensárselo:
—Muy fácil: *¡véndase la buhardilla y múdese a una casa con techos altos!*

895. DENTISTA

¿Cómo se llama el dentista más famoso de todo Japón?
¡Tekuro Lakarie!

896. CAMBIO DE NOMBRE

Una nativa americana va al registro civil y le dice al funcionario:
—Buenos días, me llamo Globo de luz colgado en la negra bóveda de la noche más oscura, y he venido a cambiarme el nombre.
—Muy bien. ¿Y cómo quiere llamarse?
—*¡Luna!*

897. AJOS PRODIGIOSOS

Una rata bastante mema debuta como agente de tráfico y se presenta en el cruce que le han asignado con una ristra de ajos.

Un automovilista curioso que está esperando en el semáforo, le pregunta:

—¿Para qué le sirven esos ajos?

—A mí, para nada —responde la rata—, *¡pero he oído decir que los ajos van muy bien para la circulación...!*

898. BOLETO GANADOR

Un ratón muy muy avaricioso está llorando desconsoladamente en un banco, cuando se le acerca un conocido y le pregunta qué le pasa.

—¡Algo terrible! —explica el ratón entre sollozos—. Compré diez boletos de lotería..., esnif..., ¡y uno se ha llevado el primer premio!

—Perdona, pero ¿por eso lloras? ¡Deberías sentirte feliz de que uno de los billetes sea el premiado!

—¡Por eso mismo! ¡Solo uno! —se lamenta con desesperación—. Los otros nueve... *¡los compré para nada!*

899. AGUJA EN EL PAJAR

¿Cómo se puede reconocer al campesino que encontró la famosa aguja en el pajar?
¡Por la tirita que lleva en el dedo!

900. DISTRAÍDO

—¡No podré ir al cine contigo! —le dice Juanito a su amigo, que acaba de llamar al timbre.
—¿Y eso por qué? ¿Estás castigado? —le pregunta el otro.
—¡Pues sí! Mi madre se ha enfadado porque dice que nunca le presto atención... o algo parecido, *¡tampoco sabría decirte!*

901. ALBAÑIL

¿Cómo se llama el albañil más famoso de Tokio?
¡Estemuro Alzoasako!

902. ESPINAS

Un ratón corre asustado por la calle y entonces se cruza con un amigo que empieza a correr a su lado movido por la curiosidad...

—¿Qué te ha pasado? —le pregunta el amigo.

—¡Le he arrancado una espina a un animalito pensándome que le hacía un favor, y ahora me está persiguiendo enfadadísimo!

—¡Increíble! ¿Y qué animal es?

—*¡Un puercoespín!*

903. OBJETOS PERDIDOS

Dos amigos se encuentran por casualidad en la oficina de objetos perdidos.

—¡Hola! —exclama el primero—. ¿Has encontrado lo que buscabas?

—¡Estás de broma? —le responde malhumorado el segundo.

—¿Qué has perdido?

—*¡El tiempo!*

904. CADA CUATRO MINUTOS

—Escucha, debo hacerte una pregunta —le dice un vecino a una rata bobalicona que vive en la casa de enfrente—: ¿Por qué llevas diez años saliendo a la calle cada cuatro minutos, le echas un vistazo a tu coche durante sesenta y cinco segundos y a continuación vuelves a entrar en casa?

—Verás, es que hace diez años leí en el periódico que en esta ciudad roban un coche cada cinco minutos, *¡y no quiero correr riesgos!*

905. A DIETA

—¡Caramba, pues sí que te has adelgazado! —le dice una amiga a otra—. ¿Sigues una nueva dieta?

—¡Sí! —responde la otra—. Procuro hablar lo más despacio posible... *¡y así no me como las palabras!*

906. EN EL HUERTO

¿Qué hace una caja de lápices de colores en un huerto?
¡Buscar el color naranja!

907. EN LA ESTACIÓN

¿Cuál es el colmo de un viajero en una estación?
¡Perder el tren por haber ido a la cantina a tomarse... un expreso!

908. TU-TUN-TU-TUN

Dos ratas bastante bobas toman un tren por primera vez en su vida.
Al poco de partir, una le pregunta alarmada a la otra:
—¿Qué es ese «tu-tun-tu-tun-tu-tun» que se oye todo el rato? ¿No habremos tenido un pinchazo?
La segunda se asoma por la ventanilla y al momento dice asustadísima:
—¡¿Un pinchazo, dices?! *¡¡¡Pero si estamos corriendo con las llantas!!!*

909. ASTRONOMÍA

¿Dónde desayunan las estrellas todas las mañanas?
¡En la Vía Láctea!

910. VENECIA

El señor y la señora Martínez están disfrutando de unas vacaciones en Venecia.
Mientras atraviesan el Gran Canal a bordo de una típica góndola, la esposa se vuelve hacia su marido y le pregunta:
—*No sé por qué me ha venido a la cabeza, pero... ¿antes de salir de casa, cerraste la llave del agua?*

911. EL MODELO PERFECTO

Una señora entra en una zapatería. Se prueba más de cien modelos distintos: botas, sandalias, mocasines..., pero a todos les encuentra pegas. Por fin se prueba un par de zapatos y exclama:
—¡Ya está, estos sí que me van bien!
Y el dependiente masculla:
—¡No me extraña! *¡Son los que llevaba puestos cuando entró en la tienda...!*

912. TELEVISIVO

Dos amigos de la infancia se encuentran por casualidad en un parque después de muchos años y empiezan a charlar:

—¡Caramba, qué sorpresa! ¿Cómo te va?

—¡Muy bien! ¿Y tú qué tal? ¿Aún trabajas para la televisión?

—Pues sí. *¡Solo me quedan cinco plazos para terminar de pagarla... y ya será mía!*

913. HUEVOS FRESCOS

Un señor y su esposa deciden ir a pasear al campo. Pasan por delante de una granja y ven un cartel donde pone «Se venden huevos», así que bajan del coche y la esposa le pregunta al granjero:

—¿Los huevos son del día?

Y este le responde:

—¡Por supuesto! *¡Por las noches las gallinas duermen, señora!*

914. GERANIOS

En un gran vivero de plantas un cliente protesta:
—¡Los geranios que me vendió ayer se han marchitado!
Y el empleado le responde:
—¿Ah, sí? *¡Qué extraño, estando conmigo no les pasaba!*

915. RATAS ENTRE EL TRIGO

Dos ratas pasan con el coche junto a un campo de trigo y distinguen en medio del campo a otra rata subida en una barca tratando de remar.
La que conduce le comenta a su compañera:
—¿Ves? ¡Por culpa de ratas como esa hacen esos chistes tan desagradables sobre nosotras!
—¡Tienes toda la razón! *¡Si supiera nadar, iría hasta allí y le cantaría las cuarenta!*

916. ¡VIVA LA NOVIA!

Dos mariposas de alas multicolores están revoloteando por un prado cuando de pronto se cruzan con una mariposa completamente blanca, y una le dice a la otra:
—*¡Mira qué guapa está vestida de novia!*

917. OBSTINACIÓN

Una oca entra en una tienda de accesorios para animales y pregunta:
—¿Tiene abrillantador para las plumas?
—No, lo siento —le responde el dueño de la tienda.
—¿Tiene abrillantador para las plumas? —vuelve a preguntar la oca.
—Acabo de decirle que no.
—¿Tiene abrillantador para las plumas? —insiste ella. El tendero ya está algo mosca.
—¿Tiene abrillantador para las plumas? —pregunta por enésima vez la oca sin inmutarse.
—¡Si vuelves a preguntármelo otra vez —le advierte el tendero con voz amenazante—, te ato el pico con un cordel!
—¿Tiene cordel? —pregunta la oca.
—¡No! —responde exasperado el dueño de la tienda.
—Pues entonces... *¿tiene abrillantador para las plumas?*

918. CARACOLES EMPRENDEDORES

Dos caracoles pasean por la playa y de pronto se topan con una gran concha marina abandonada en la arena.

—¡Es la gran ocasión de nuestra vida! —exclama entusiasmado uno de los caracoles—. ¡Podríamos hacer un buen negocio!

—¿Qué negocio? ¿De qué estás hablando? —le pregunta perplejo el otro.

Y el primero le responde:

—*¡Hablo de abrir un gigantesco hotel para caracoles en primera línea de mar!*

919. PRÉSTAMO

Dos amigos se encuentran por la calle.

—Hola, Mario, tengo que ir a casa de mi abuela, y con este día tan bueno que hace me encantaría ir en bicicleta. ¿Tienes aquí la tuya?

—No.

—¿Y en casa?

—*¡Todos bien, gracias!*

920. TELEVISOR

Una rata boba entra en una tienda de electrodomésticos que tiene unas ofertas estupendas.

—Buenos días, quisiera comprar aquel televisor de allí...

—¡Lo siento —le responde el propietario—, pero no hacemos descuento a ratas bobas!

La rata vuelve a su casa muy enojada, se pone gafas de sol y una barba postiza y regresa a la tienda.

—Buenos días, quisiera comprar aquel televisor de allí...

Y el propietario, esta vez de malas maneras, le responde:

—¡Ya le he dicho antes que no hacemos descuento a ratas bobas!

La rata se queda pasmadísima y le pregunta:

—Pero ¿cómo ha podido descubrirme?

—*¡¡¡Porque aquello de allí no es un televisor, es un microondas!!!*

921. PROPORCIONES

Luis y su papá están paseando por el campo y llegan hasta un campo de trigo aún verde.
—Papá, ¿qué son estas plantitas verdes?
—Es trigo, sirve para hacer pan...
—*¡Pues con unas plantas tan pequeñas solo saldrán panecillos...!*

922. SUPERGARANTIZADA

Un señor entra en una tienda para comprar una camisa y le pregunta al dependiente:
—Esto... ¿si la lavo encogerá?
—¡En absoluto, esta camisa está supergarantizada!
El cliente vuelve a casa, lava la camisa y... ¡se encoge muchísimo!
Enfadadísimo, se dirige una vez más a la tienda para protestar.
—¡Mire cómo ha quedado! —le dice al dependiente mostrándole la camisa.
Pero este pone cara de sorpresa y le responde:
—¡Vaya, casi no lo he reconocido! *¡Cómo ha crecido desde ayer!*

923. HOY ES HOY

Un tipo no muy despierto le pregunta a otro:
—Disculpe, ¿sabe si hoy es el primer día de primavera?
—No, lo siento, no tengo ni idea —le responde el segundo.
—¡Pero lleva el periódico en el bolsillo! ¿Me permite consultarlo?
—Sí, pero no le servirá de nada... *¡El periódico es de ayer!*

924. VALIOSÍSIMO

Un anticuario recorre una zona rural en búsqueda de algún tesoro, y en una de las granjas que visita se fija en un bol muy singular que utilizan para poner la comida del gato.
—Disculpe —le dice al dueño de la casa—, estoy buscando un regalo para mi sobrino... ¿Me vendería usted su gato?
—¡Por supuesto! —responde el granjero.
—Si no tiene inconveniente, también me quedaría ese bol tan viejo. Quién sabe, puede que el gato se haya encariñado con él...
—¡Ah, no! ¡El bol, no! *¡En los dos últimos meses ya llevo vendidos doce gatos gracias a él!*

925. PÁJAROS

Unos pájaros están descansando sobre los hilos de unos postes telefónicos. Uno de ellos llama a otro que está algo más allá, apoyado en otro hilo, pero este no le responde.
Un tercer pájaro que está a su lado le dice.
—No insistas, no puede oírte... *¡está comunicando!*

926. PERDIDO

Un señor está de ruta y se ha perdido, de modo que se detiene junto a un campesino y le pregunta:
—Disculpe, ¿podría decirme dónde estoy?
Y el campesino le responde amablemente:
—Sí, señor, faltaría más: *¡está usted dentro de su coche!*

927. RUIDOS FASTIDIOSOS

Un matrimonio va a ver una casita cerca de la playa con intención de alquilarla para las vacaciones. Les gusta mucho, pero tiene un inconveniente, hay un aeropuerto en las inmediaciones.

—Seguro que se oye mucho ruido con tantos aviones yendo y viniendo.

El agente inmobiliario trata de quitarle importancia al problema:

—Es verdad, pero solo molesta la primera semana, después uno se acostumbra.

—Estupendo —dice el marido—, entonces no hay problema: *¡la primera semana dormiremos en un hotel!*

928. PUERCOESPINES AVENTUREROS

Dos jóvenes puercoespines deciden abandonar el bosquecillo donde viven para explorar una zona desértica que se extiende algo más allá. Ascienden por una duna, y cuando llegan arriba, uno de ellos exclama al ver un valle lleno de grandes cactus verdes muy espinosos:

—*¡Socorro, nos han invadido los extraterrestres!*

929. BÁSCULA ZALAMERA

Una señora que está a dieta entra en una farmacia acompañada de su marido para pesarse.
La báscula, que es de alta tecnología, de esas que también te dan el horóscopo, expulsa un papel por una ranura en cuanto ha acabado de pesarla, y el marido lee lo que pone en voz alta:
—La báscula dice que eres fascinante, inteligente, racional, sensible, dulce, ingeniosa...
—¿Y cuánto dice que peso? —pregunta la mujer.
El marido le da la vuelta al papel y exclama:
—*¡¡¡Uf, con el peso también ha mentido!!!*

930. INGREDIENTES ESPECIALES

La pequeña Sara ha preparado una tarta de cumpleaños para su madre. Cuando esta la prueba, nota un sabor muy extraño y le pregunta:
—¿De dónde has sacado esta receta... tan especial?
—Es aquella que recorté el otro día de tu revista...
—¡¿Cómo?! —exclama la madre consternada—. *¡Pero si eran las instrucciones para preparar una mascarilla de belleza con productos naturales!*

931. GRANJA

Los niños de una clase están de visita en una granja. El granjero les pregunta si sabrían decir cuántas vacas hay en el prado cercano. Y uno de los niños responde:

—¡Hay 898!

El granjero, estupefacto, le pregunta:

—¿Cómo has podido adivinarlo?

—Muy sencillo —responde el niño—: *¡he contado las patas y después he dividido por cuatro!*

932. HUEVOS FRESCOS

La madre de Margarita envía a la niña a comprar huevos a la granja cercana.

—Toma, aquí los tienes —le dice el granjero—. Aún están calientes.

—No, no —objeta Margarita —, *¡mamá ha dicho que los quería frescos!*

933. CURVAS

Un pescador está con su caña en un pronunciado meandro del río, y un paseante que lo ve le pregunta:

—¿Siempre suele ponerse aquí para pescar?

—En primavera suelo pescar en esta curva del río, porque los peces, al llegar aquí, *¡reducen la velocidad!*

934. CUESTIÓN DE GUSTOS

Un labriego está abonando un campo con estiércol, y un tipo de ciudad que pasa por allí le pregunta:

—¿Qué está haciendo con el estiércol?

—¡Se lo estoy echando a las fresas!

—*¡Caray, pues a mí me gustan más con azúcar y zumo de naranja!*

935. VUELTAS Y MÁS VUELTAS

Un automovilista circula por la autopista con la intención de ir a dar un paseo al lago cercano. Toma una salida y empieza a dar vueltas y más vueltas hasta que acaba saliendo al mismo sitio. Al cabo de un rato, ve a un hombre, una mujer y un niño desayunando en una zona de césped, y se detiene a preguntar:

—Disculpen, ¿podrían indicarme cómo salir de la autopista?

—¡Eso quisiera saber yo! —responde el hombre—. *¡Piense que nosotros estamos aquí desde el viaje de novios y aún no hemos logrado salir!*

936. ANIVERSARIO

Un empleado llama a la puerta del jefe:

—Quisiera pedirle unos días de fiesta...

—¡Ni hablar! —le responde el jefe con malos modos.

—Es que es el vigésimo aniversario de nuestra boda y quisiéramos hacer un viajecito para celebrarlo.

—Usted siempre está igual... *¡Cada diez años me viene con la misma canción!*

937. ¿MANGAS O GUANTES?

Un señor va a probarse el traje a medida que le ha hecho un sastre.
—¡Mire qué bien le queda —le dice el artesano—, la chaqueta le sienta como un guante!
—Hombre, qué quiere que le diga... ¡las mangas me cubren los dedos!
—*¡Pues a eso es a lo que yo me refería!*

938. TACAÑERÍA

Un tipo muy muy agarrado entra en una floristería a comprar flores frescas. Una vez dentro, ve un cartel que pone: «Dígaselo con flores» y le pregunta a la florista:
—Disculpe, estooo..., *¿cuánto me costaría... un susurro?*

939. EN EL HUERTO

—Abuelo, ¿por qué has esparcido eso tan apestoso en el huerto de los tomates?
—Es estiércol, se pone en primavera para que crezcan más.
—Ah, ya entiendo: los tomates, para no tener que soportar ese olor, *¡crecen lo más deprisa que pueden!*

940. CHIQUITINES CAMINANTES

En el parque, dos mamás hablan de sus bebés:
—Pues mi hijo ya hace seis meses que empezó a andar... —dice con orgullo la primera.
—¡Pobrecillo! —le responde la segunda—. *¡Debe de estar cansadísimo!*

941. LIMPIEZA GENERAL

Un empleado habla con su jefe:
—Mañana en mi casa toca hacer limpieza general, y quisiera pedirle el día libre para poder ayudar a mi esposa.
—Lo siento, pero es imposible, aquí tenemos mucho trabajo atrasado.
—*¡Muchísimas gracias, sabía que podía contar con usted!*

942. EL CIENTÍFICO

Durante las vacaciones, Matías va todos los días a visitar al señor Fermín, un científico jubilado que vive cerca de su casa.
Su madre, contenta con aquel gesto, le pregunta una tarde:
—Dime, Matías, ¿qué te dice el señor Fermín?
—Dice que le gustan mucho las galletas que le llevo, mamá.
—¿Y a ti qué te gusta, Matías?
—*¡A mí me gusta lo bien que me hace los deberes de mates y de ciencias!*

943. MOSCAS MARINAS

¿Qué hace un enjambre de moscas revoloteando en la playa alrededor de un grupo de chicas guapas?
¡El moscón!

944. CANAS

Un niño le pregunta a su madre:
—Mamá, ¿por qué te salen cabellos blancos en la cabeza?
Su mamá sonríe y le responde en broma:
—Cada vez que haces una travesura me sale un cabello blanco.
—Pues entonces tú debes de haber hecho muchas más que yo: *¡la abuelita tiene el cabello completamente blanco!*

945. PECES ESPADA

¿Qué se dicen dos peces espada cuando se encuentran en el fondo del mar?
¡En guardia!

946. SOMBRA

Un elefante y una rana deciden viajar juntos por la sabana africana.
Un día, hace tantísimo calor que la rana le dice al elefante:
—Hagamos un trato: tú me haces sombra a mí durante media hora, *¡y después yo te relevo!*

947. CUESTA ABAJO

Un tipo en camiseta y pantalón corto le pregunta a otro:
—¿Sabes si por aquí hay algún lago que haga bajada?
—¿Por qué?
—*¡Porque me han regalado unos esquís acuáticos y no sé dónde probarlos!*

948. OJOS DE BUEY

Una señora muy distraída contrata un crucero por el Mediterráneo.
Se instala en el camarote y empieza a deshacer las maletas.
Entonces pasa un camarero por allí y le pregunta:
—¿Todo bien, señora? ¿Es de su gusto el camarote?
—¡Ya lo creo! —Y añade, señalando los ojos de buey—: *¡Y estos pequeños armarios empotrados son comodísimos, cabe muchísima ropa en ellos!*

949. MEDIO GRADO

El capitán de un buque mercante navega en medio de un fuerte temporal cuando de pronto entrevé una luz frente a él y envía un mensaje por radio:

—¡Soy el capitán del buque mercante más grande de la isla de los Ratones y le ordeno que vire medio grado a estribor!

La respuesta no se hace esperar:

—Mejor que sea usted quien vire medio grado a estribor.

El capitán, ofendido, vuelve a enviar el mismo mensaje por radio:

—Repito: soy el capitán del buque mercante más grande de la isla de los Ratones, y le ordeno que vire medio grado a estribor. Si no me obedece, ¡acabará yéndose a pique!

—*¡Pues yo soy el farero de Puertorratón, le estoy hablando desde el faro, y si no vira inmediatamente será usted quien se irá a pique!*

950. AROMAS

¿Cuál es la planta más olorosa de todas, especialmente en verano?

¡La planta de los pies!

951. ¡BRONCEADO!

Un señor feudal regresa a su castillo después de haber estado diez años en las cruzadas.
Sube la escalera del torreón, entra en su alcoba y se quita la armadura.
—¡Ufff, ya era hora!
Su esposa lo mira sorprendida y exclama:
—¡Querido, se te ve muy bronceado!
Y el caballero resopla y le contesta:
—¿Bronceado? ¡De eso nada! *¡Esto es óxido!*

952. VACACIONES

—Tú, ¿cuándo te irás de vacaciones? —le pregunta un amigo a otro.
—A caballo entre julio y agosto. ¿Y tú?
—¡Yo también! *¡Pero iré en coche!*

953. PASTA CALIENTE

Una señora que está a punto de irse de viaje, le dice a su marido:
—Volveré la semana que viene. Si quieres cocinar pasta, *¡no tienes más que coger el agua caliente que te he dejado preparada en la nevera...!*

954. GASEOSA CON LIMÓN

En un elegante bar de una famosa ciudad costera entra un perro sediento, se dirige a la barra, ladra dos veces y el camarero le sirve una gaseosa con una rodajita de limón.

Un cliente que lo presencia todo se queda muy sorprendido y se lo comenta al camarero:

—Oiga, ¿a usted no le ha parecido extraño?

—No, señor..., *¡en este establecimiento siempre servimos la gaseosa con una rodaja de limón!*

955. UN MAR DE DUDAS

—Doctor, ayúdeme, no puedo vivir así, siento una ansiedad terrible...

—Dígame, ¿cómo se manifiesta su ansiedad?

—Verá, siempre estoy hecho un mar de dudas... ¿o no era eso...? *¡Ahora me hace dudar!*

956. MENÚ COMPLETO

Un pescador lleva varias horas pescando bajo un sol de justicia y por fin ve un pececillo que se acerca, pero en lugar de tragarse el anzuelo, roba el cebo y se marcha.
El pescador pone otro gusano en el anzuelo y vuelve a probar, pero el pez vuelve a robarle el señuelo y escapa.
Como ya se le han acabado los gusanos, prueba con salchichón del bocadillo que le ha preparado su esposa. El pez también se lo come.
Luego prueba con un pedazo de queso, pero el pez también lo devora.
Ensarta un trozo de tomate en el anzuelo y el pez vuelve a arrebatarlo del anzuelo sin picar. Pero esta vez, en lugar de marcharse, el pececillo emerge del agua y le pregunta al pescador:
—Disculpe, *¿no habrá traído por casualidad un poco de tarta para el postre?*

957. EN EL DESIERTO

¿Qué hacen dos ratas de sol a sol en el desierto para pasar el rato?
¡Jugar al escondite!

958. EN LA ISLA

Dos náufragos están en una isla y uno le pregunta al otro:
—¿En qué estación estamos?
—En verano —responde su compañero.
—¿Y qué día es hoy? —vuelve a preguntar.
—Sábado. ¿Por qué me lo preguntas?
—Odio los fines de semana —dice el primero con cara de enfadado—, *¡uno nunca sabe qué hacer!*

959. ¡PULPOS OCUPADÍSIMOS!

La señora pulpo le dice al marido con voz de indignación:
—Me paso el día lavando, planchando, cosiendo, cocinando, arreglando el jardín, cuidando a los niños... Podrías echarme una mano: *¡solo tengo cuatro pares de tentáculos, yo!*

960. CABALLITOS DE MAR

Dos caballitos de mar están haciendo una carrera y sobrepasando de largo los límites de velocidad de las leyes subacuáticas. De pronto, al tomar una curva tras una roca, uno de ellos ve una estrella de mar.

—¡Frena, frena! —le dice a su compañero—. *¡Ahí está el* sheriff!

961. GIRASOL

¿Qué es un girasol?

¡Una margarita que ha ido mucho al gimnasio!

962. LUZ TARDONA

Un padre y su hijo están observando las estrellas en una bonita noche de primavera.

—¿Sabes? —le explica el padre—, ¡las estrellas se encuentran a miles de años luz de la Tierra! ¡Eso significa que la luz que estamos viendo ahora ha tardado miles de años en llegar hasta nosotros!

El niño se queda pensativo un momento y al fin dice un poco mosqueado:

—*¡Y mamá riñéndome porque me siento a la mesa con cinco minutos de retraso!*

963. SUSCEPTIBILIDAD

Un grupo de amigos está divirtiéndose en la playa, y uno de ellos dice:

—¿Queréis que os cuente un chiste de ratas bobas?

Uno de los presentes responde:

—A ver qué cuentas, que yo soy una rata...

—Ah, no te preocupes, *¡lo explicaré despacito para que hasta tú lo entiendas!*

964. ROBO ABSURDO

Un automovilista llama a la policía.

—¿Policía? Estoy en el área de servicio de la autopista norte. ¡He parado para tomar algo, y cuando he salido me habían robado los pedales del freno, del acelerador, del embrague, el freno de mano, el salpicadero y hasta el volante!

—De acuerdo, vamos enseguida —responden de la central.

Al cabo de unos minutos, el hombre vuelve a llamar a la policía:

—Estooo..., llamaba para decirles que no hace falta que vengan.

—¿Qué ha pasado?

—Verá, yo... —balbucea avergonzado—, *¡¡¡me había sentado por error en el asiento de atrás!!!*

965. CLASES DE VUELO

Un tipo está aprendiendo a volar con su instructor. Al terminar la clase, y al hacer aterrizar el avión, este se posa bruscamente en la pista dando botes.

—¡Amigo mío, acaba de hacer usted un pésimo aterrizaje! —se lamenta el instructor negando con la cabeza.

—¿Yooo? —exclama sorprendido el alumno—. *¡Pero si yo creía que era usted quien llevaba los mandos!*

966. COMPARACIONES

Dos cabras hambrientas vagan por el desierto a pleno sol. De pronto, ven un libro en la arena.

Una de las cabras grita:

—¡Mira! ¡Por fin algo que comer! —Y devora todas las páginas en cuestión de segundos.

Cuando se ha terminado de comer el libro, la otra cabra le pregunta:

—¿Qué, cómo estaba?

Y la primera le responde:

—Bah, qué quieres que te diga... *¡Me gustó más la película!*

967. SOL

Hace un día radiante, el sol brilla con fuerza y no se ve ni una nube en el horizonte. Un vendedor de paraguas sale de su tienda, mira al cielo y exclama:
—*¡Puaj, hace un día de perros!*

968. BLA, BLA, BLA...

Una señora está reservando un billete de avión en una agencia de viajes. Como no para de hablar, detrás de ella se está formando una larga cola. Cuando la empleada le pregunta si quiere volar en primera clase, un señor sale de la cola y exclama molesto:
—Disculpe, pero como tendré que tomar el mismo vuelo que esta señora, quisiera saber si este avión dispone *¡de una zona de no habladores!*

969. PROFUNDIDAD

Una jirafa se está bañando en el río y solo le asoma la cabeza. Muy cerca de allí hay una gacela observándola, y la jirafa le dice:
—¿Por qué no te bañas?, el agua está muy fresquita, *¡y además no cubre!*

970. ELEFANTES

Un elefante se acerca a otro que está cogiendo las hojas de las ramas más altas con su larga trompa.
—Amigo —le dice el primer elefante—, suelo verte comiendo por esta zona, y me parece que no estás muy en forma: ¡estás delgadísimo y tienes manchas por todo el cuerpo! Tendrías que ir a un especialista...
—Pues yo creo —le responde el otro— que el que necesita un especialista eres tú... *¡No soy un elefante, soy una jirafa!*

971. CIEN EUROS

Un señor acude a una ventanilla de información de un centro oficial y el funcionario le dice:
—Según la nueva normativa, serán cien euros por cada pregunta.
El señor exclama escandalizado:
—¿A usted no le parece un robo?
Y el empleado le responde:
—*No. Son cien euros, por favor. ¡El siguiente!*

972. JABALINA

Un joven atleta regresa a casa muy triste porque ha sido descalificado en su primera competición de lanzamiento de jabalina.
Su madre le pregunta qué ha pasado:
—Todo ha sido por culpa del perro —explica el chico indignado—. ¡Ya te dije que no era buena idea llevarlo conmigo a la competición!
—¿Por qué? ¿Qué ha hecho?
—*¡Cada vez que yo lanzaba la jabalina, salía corriendo tras ella y me la traía!*

973. NAFTALINA

Un tipo entra en una droguería, explica que tiene polillas en el armario y le pide al dependiente algo para eliminarlas.

Este le vende un paquete grande de bolas de naftalina. Al día siguiente, el hombre vuelve y le dice:

—¡Deme otro paquete de kilo!

—¡Caramba! —exclama sorprendido el tendero—. ¿Tiene muchas polillas en casa?

—Sí, pero tal vez sean estas bolas, que no funcionan bien...

—Eso es imposible, la naftalina siempre ha funcionado con las polillas.

—Sí... alguna me he cargado, *¡pero es dificilísimo acertarles en la cabeza!*

974. DESTINO

Un viajero le pregunta al conductor del autocar:

—Disculpe, ¿falta mucho para llegar a destino?

Y el conductor le responde:

—Lo siento, señor, pero me parece que se ha equivocado de autocar: *¡este no va a Destino, sino a Zaragoza!*

975. ANCLA

El capitán ordena:
—¡Echen el ancla al agua!
Y el marinero más tonto del barco exclama:
—*Pero, capitán... ¡si aún esta muy nueva!*

976. FÁBULA ACTUALIZADA

El invierno está a punto de empezar cuando la hormiga le dice a la cigarra:
—He estado trabajando duro todo el verano, he reunido provisiones de comida para los meses fríos... ¿Y tú, que te has pasado todo el verano cantando, qué piensas hacer?
La cigarra le responde la mar de tranquila:
—*¡Mañana parto para una gira por los países cálidos!*

977. UN REMEDIO MUY EFICAZ

Un señor entra en una farmacia y pide un medicamento que sea realmente eficaz contra la tos.
—Tómese el jarabe del doctor Tragacanto —le recomienda el farmacéutico.
—¡No, ese no! —exclama el cliente.
—¿Por qué no?
—*¡¡¡Porque yo soy el doctor Tragacanto!!!*

978. ¡SORPRESA!

Una niña de doce años en cuanto entra en casa le dice a su madre:
—Mamá, tengo que darte una sorpresa gordísima, pero antes déjame hacerte una preguntita: *¿qué opinas tú de los tatuajes?*

979. FÁBULA ACTUALIZADA

La profesora le pregunta a Simón:
—¿Qué dice la zorra cuando se percata de que no llega hasta las uvas?
Simón reflexiona un momento y al fin responde:
—Hummm... «*¡O ponéis los estantes más bajitos, o no vuelvo a este supermercado!*»

980. TODOS CONTENTOS

Una señora le cuenta a su amiga:
—Mi marido y yo hemos estado ahorrando un poco de dinero. A mí me gustaría renovar el mobiliario de casa, y a mi marido le haría ilusión ver un poco de mundo...
—¿Y habéis podido hacer ambas cosas?
—*¡Sí. Yo me he comprado un móvil nuevo y a él le he regalado un atlas!*

981. IMPORTANCIA DEL ASPECTO

Un señor va por la calle y le pregunta a un transeúnte:
—Disculpe, ¿voy bien para ir a la plaza de la Fuente?
—Bueno..., yo diría que sí. Esta mañana pasé por allí con chaqueta, camisa y vaqueros, igual que usted, *¡y nadie me llamó la atención!*

982. TELEVISIÓN LIMITADA

Una señora llama al técnico para que repare el televisor de casa.
Cuando este llega, la señora lo hace pasar al salón, y allí encuentra a su marido sentado en el sofá, concentrado en ver un partido de fútbol.
El técnico, sorprendido, dice:
—Señora, este televisor funciona perfectamente. ¿Cuál es el problema?
Y la señora le responde:
—*¡Algo tiene que pasarle: solo sintoniza canales deportivos!*

983. MANUAL PARA PADRES

Papá y mamá llegan a casa y sorprenden al niño leyendo atentamente el libro *Cómo educar a vuestro hijo.*
Papá le pregunta sorprendido:
—¿Se puede saber por qué estás leyendo este libro?
Y el niño le responde muy serio:
—Por nada, *¡solo compruebo si estáis haciendo bien los deberes!*

984. URGENCIA

Luis dice sin más en plena clase:

—¡Profesora, se me escapa el pipí!

La profesora lo regaña:

—¿No sabes que en estos casos hay que levantar la mano?

—Vale —le responde el niño—, lo intentaré, *¡pero si pudiera ser preferiría hacerlo con las dos manos bajadas!*

985. EN LA CONSULTA

—Doctor, doctor..., hace tres días que ni como ni duermo... Dígame, ¿qué tengo?

—*¡Hambre y sueño, sin la menor duda!*

986. UNA CENA EXCELENTE

Un señor acaba de cenar en un restaurante y el camarero le pregunta si todo ha sido de su gusto.

—¡Sí, gracias, estaba todo riquísimo!

—¡Menos mal! —exclama aliviado el camarero—... *¡El cocinero hubiera jurado que la carne estaba pasada!*

987. FANTASMA FILÓSOFO

Dos fantasmas deambulan con sus cadenas a rastras por el corredor de un castillo.
De pronto, uno de ellos se detiene y le pregunta al otro:
—*¿Tú crees que los humanos existen realmente?*

988. PARTIDA DE ULTRATUMBA

Unos esqueletos están jugando al póquer. Cuando le llega el turno de mostrar su jugada, uno de ellos pone encima de la mesa una clavícula, una escápula, una tibia y un radio, y exclama:
—*¡Póquer de huesos!*

989. PISCINAS ESPECIALES

Una rata le pregunta a otra:
—¿Por qué tienes una piscina llena y otra vacía en el jardín?
—*¡La vacía es para los invitados que no saben nadar!*

990. ¡LLUEVE!

Una madre se asoma a la ventana del jardín y llama a su hijo, que está jugando fuera:

—¡Rafa, entra en casa, que está lloviendo!

Pero el niño, que sigue jugando tan tranquilo, le responde:

—Gracias por avisarme, mamá, pero no hace falta que entre... *¡Aquí fuera también llueve!*

991. SEÑALES DE HUMO SILENCIOSAS

En las Montañas Rocosas, un indio enciende una hoguera con leña que no hace humo y empieza a tapar y a destapar el fuego con una manta. Dos indios lo acompañan, y uno de ellos le pregunta al otro:

—¿Qué está haciendo?

Y el otro le responde:

—Es el mejor espía de la tribu: *¡está transmitiendo un mensaje secreto!*

992. VOCACIONES TRUNCADAS

Dos niños charlan sobre qué quieren ser de mayores, y uno le dice al otro:
—Al principio yo quería ser médico, *¡pero desistí en cuanto me enteré de que se pasan el día lavándose las manos!*

993. HORÓSCOPO

Una señora está leyendo su horóscopo en una revista y le comenta al marido:
—¿Sabes?, mi horóscopo dice que hoy recibiré un espléndido regalo de un hombre guapo, simpático y generoso.
—¿Ah, sí? ¿Y qué dice el mío?
—*¡Que eres guapo, simpático y generoso!*

994. DIVISIONES

En clase, la profesora le pregunta al pequeño Juan:

—¿Sabrías decirme la mitad de uno?

El niño reflexiona un momento y por fin responde con convicción:

—*Pues la mitad de uno debe de ser aproximadamente la cintura, ¿no?*

995. DILEMA

Un señor bastante bobo quiere hacerle un obsequio a su prima por su cumpleaños, pero no sabe qué regalarle.

—¿Por qué no le regalas un libro? —le sugiere su esposa.

—No creo que sea buena idea —le responde—. *Me parece que ya tiene uno...*

996. INJUSTICIA

—Mañana es el primer día de escuela, así que ya es hora de ir a la cama —le dice una mamá a su hijo.
—Siempre la misma historia —refunfuña el niño—: *¡tengo que irme a la cama cuando no tengo sueño, y levantarme cuando tengo un montón!*

997. PRECISIÓN GARANTIZADA

La dependienta de una tienda de cronómetros y relojes de precisión llega tarde por primera vez al trabajo.
Cuando aparece en el establecimiento, el encargado le dice:
—*¡Señorita, ha llegado usted con siete minutos, trece segundos, cuatro décimas y ocho centésimas de retraso!*

998. DUDA RAZONABLE

En su primer día de guardería, el pequeño Marcos se acerca a una niña mayor que él y le dice:
—Disculpa, es mi primer día aquí... *¿Sabes si pagan por semanas o por meses?*

999. EL ABRELATAS PERFECTO

Como de costumbre, mamá le pide a papá que abra una gran lata de pepinillos.

Mientras el hombre trastea con el abridor y la lata, la pequeña Berta le pregunta a su madre:

—*Mamá, ¿cómo se las apañaba la gente para abrir las latas antes de que inventasen a los papás?*

1.000. EFECTO ADELGAZANTE

Una señora se está probando un vestido en una tienda de ropa.

—Oh —exclama la mar de contenta—, cuando me miro en este espejo con este vestido, me veo más delgada.

—Muy bien —repone la dependienta satisfecha—. Entonces ¿se queda el vestido?

—¡No! —responde la mujer—. *¡Lo que quiero es el espejo!*